마인크래프트로 만드는
마이 월드 크리에이터

마이 월드 크리에이터

초판 8쇄 발행_ 2023년 2월 28일

지은이 이기택
발행인 임종훈
표지·편집디자인 인투
출력/인쇄 정우 P&P
주소 서울시 마포구 방울내로 11길 37 프리마빌딩 3층
주문/문의전화 02-6378-0010 **팩스** 02-6378-0011
홈페이지 http://www.wellbook.net

발행처 도서출판 웰북

ⓒ 도서출판 웰북 2018
ISBN 979-11-954295-8-5 13000

이 책은 저작권법에 따라 보호받는 저작물이므로 무단전재와 무단 복제를 금지하며,
이 책 내용의 전부 또는 일부를 이용하려면 반드시 저작권자와 도서출판 웰북의 서면동의를 받아야 합니다.

• 잘못된 책은 바꾸어 드립니다.

마인크래프트를 이용하여 나만의 새로운 세계를 만들어 봅시다!

여러분이 꿈꾸는 나만의 세계는 어떻게 생겼을까요? 마인크래프트는 스웨덴의 모장 스페서피케이션스에서 개발한 게임 프로그램으로 누구나 쉽고 재미있게 나만의 세계를 만들 수 있습니다. 전 세계에 많은 사람들이 즐겨하는 마인크래프트는 화면에 표시되는 플레이어를 이용하여 넓은 공간을 돌아다니며 다양한 아이템으로 멋진 건물을 만드는 등 다양한 체험을 할 수 있는 인디게임입니다. 현실에서는 불가능하거나 시간과 비용이 들어가는 건축물을 마우스를 이용하여 쉽게 만들 수 있는 마인크래프트는 교육 현장에서도 사용하는 재미있는 프로그램입니다. 마인크래프트를 통해 얻을 수 있는 효과는 아래와 같이 정리할 수 있습니다.

1. 창의적인 생각을 기를 수 있습니다.

아무것도 없는 공간에서 새로운 건축물을 하나씩 창조하는 과정을 통해 창의적인 생각을 기를 수 있습니다. 새로운 세계에서 필요한 것들은 어떤 것이 있는지, 기존 세상의 건축물을 어떻게 만들면 더 멋지고 재미있게 만들 수 있는지 생각하고 만드는 과정을 통해 상상력을 키워갈 수 있습니다.

2. 공간지각 능력을 기를 수 있습니다.

건축물은 바닥, 벽, 지붕 등 다양한 매개체가 하나로 구성되어야 합니다. 마인크래프트의 3차원 공간 구성 화면을 이용하여 건축물을 만드는 과정을 통해 공간 관계와 위치를 파악하는 공간지각 능력을 키울 수 있습니다. 공간 위치 지각 능력의 발달은 읽기, 쓰기, 산수 등 다양한 학습에도 도움을 줍니다.

3. 남들과 다른 창조성을 기를 수 있습니다.

컴퓨터에서 즐길 수 있는 게임의 종류는 다양합니다. 마인크래프트는 게임으로 개발되었지만 이 도서에 구성되는 내용들은 새로운 세계를 만드는 과정을 통해 문제 해결을 위한 여러 가지 생각을 하고 다면적 사고를 할 수 있게 합니다. 특히 남들과 다른 상상을 하거나 주어진 현실을 새로운 시각으로 받아들이는 창조성을 기를 수 있습니다.

마인크래프트는 게임을 통해 쉽고 재미있게 다양한 건축물과 세상을 만들 수 있습니다. 마인크래프트는 저학년부터 고학년까지 누구나 나만의 상상력을 펼칠 수 있는 좋은 도구가 될 것입니다. 마인크래프트를 이용하여 나만의 멋진 세계를 만들어보기 바랍니다!

꼭 기억하세요!

상담을 원하시거나 아이가 컴퓨터 수업에 출석할 수 없는 경우 아래 연락처로 미리 연락 주시기 바랍니다.

타수체크

🐰 초급단계

🐰 중급단계

🐰 고급단계

1. 마인크래프트 환경 설정

마인크래프트의 게임 화면과 메뉴를 한국어로 변경하는 방법을 알아보겠습니다.

01 마인크래프트 프로그램을 실행하고 '사용자' 이름과 비밀번호를 입력한 후 [Log In] 버튼을 클릭합니다.

02 마인크래프트가 실행되면 표시된 화면에서 [Options...] 버튼을 클릭합니다.

03 [Options] 화면이 표시되면 언어를 한국어로 변경하기 위해 [Language...] 버튼을 클릭합니다.

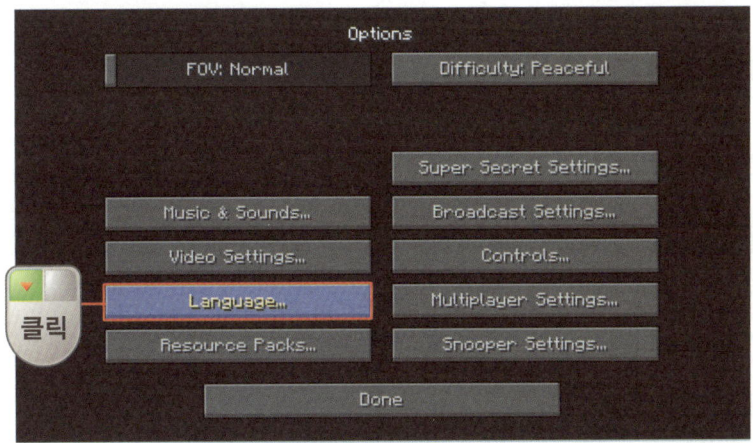

04 언어를 선택할 수 있는 화면이 표시되면 목록에서 '한국어(KR)'를 선택하고 [완료] 버튼을 클릭합니다.

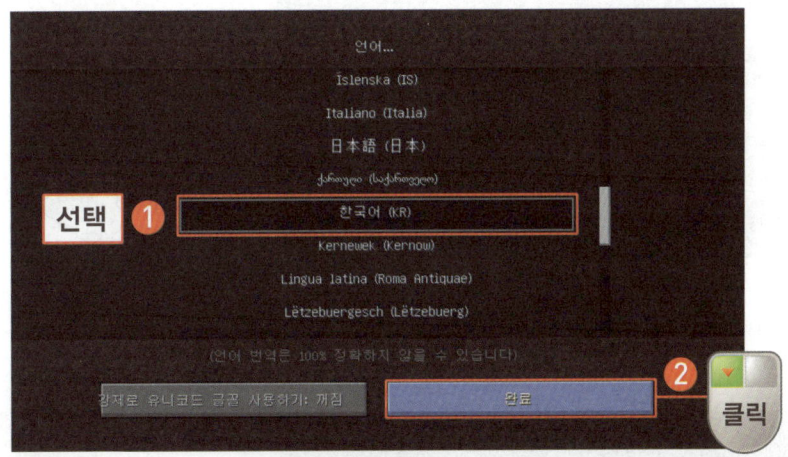

한국어로 언어를 변경하면 화면 아래의 [Done] 버튼이 [완료] 버튼으로 바뀌어 표시됩니다.

05 한국어로 메뉴 이름이 변경된 [설정] 화면으로 돌아가면 [완료] 버튼을 클릭합니다.

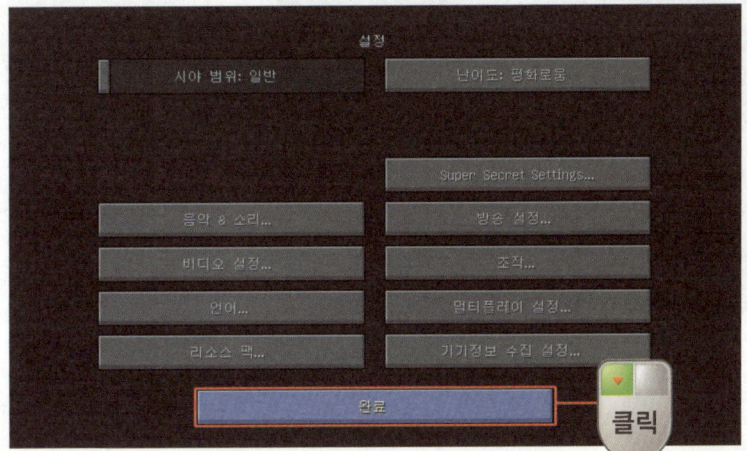

2. 마인크래프트 실행하기

마인크래프트를 실행하고 게임을 시작하기 전에 옵션을 설정하는 방법을 알아보겠습니다.

01 마인크래프트 첫 화면이 표시되면 게임을 실행하기 위해 [싱글플레이]를 클릭합니다.

싱글플레이는 혼자 게임을 하는 모드이며, 멀티플레이는 서버에 접속한 여러 사용자가 함께 게임을 하는 모드입니다.

02 [세계 선택] 화면이 표시되면 새로운 세계를 만들기 위해 [새로운 세계 만들기] 버튼을 클릭합니다.

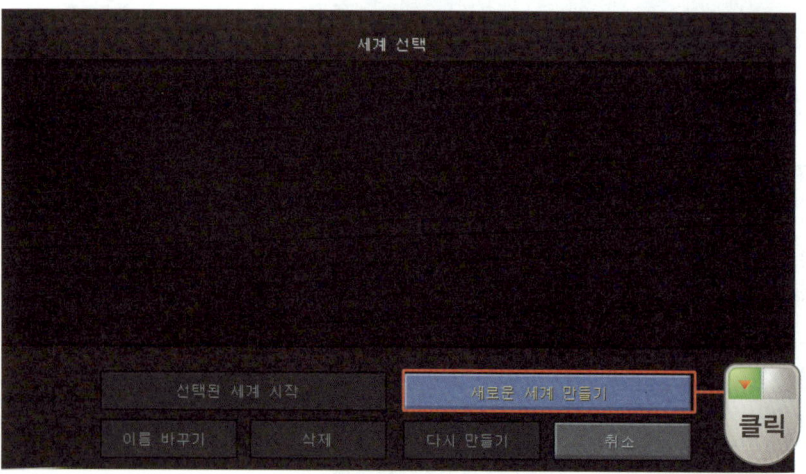

이전에 만든 세계를 계속 사용하려면 저장된 세계의 이름을 클릭합니다.

03 [새로운 세계 만들기] 화면이 표시되면 [게임 모드] 버튼을 클릭해서 '크리에이티브'를 선택하고 [고급 세계 옵션...] 버튼을 클릭합니다.

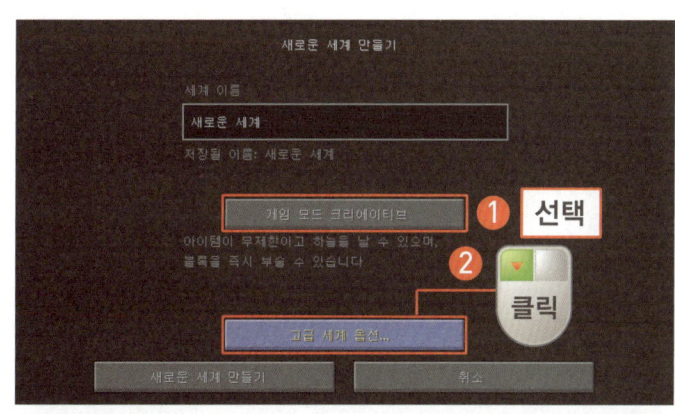

'크리에이티브' 게임 모드는 아이템을 무제한으로 사용할 수 있으며 블록을 바로 부술 수 있습니다.

04 옵션을 선택할 수 있는 화면이 표시되면 각 버튼을 클릭해서 그림과 같이 [구조물 생성]은 '꺼짐', [세계 종류]는 '완전한 평지', [치트 허용]은 '켜짐'으로 선택하고 [새로운 세계 만들기] 버튼을 클릭합니다.

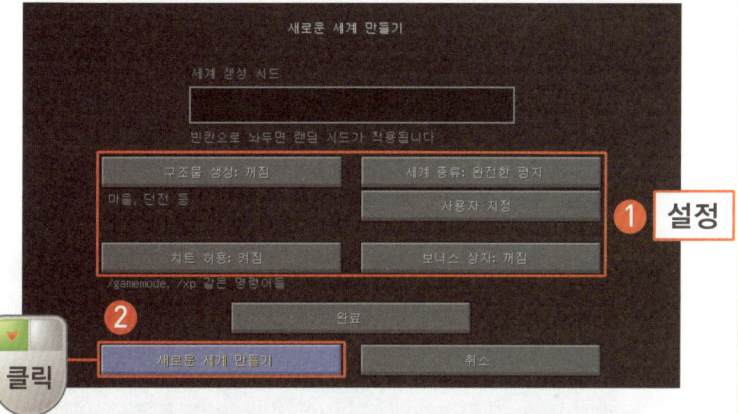

책에서 다룬 구조물을 만들기 위해 꼭 옵션을 동일하게 설정해야 합니다.

05 그림과 같이 새로운 세계가 만들어지는 화면이 표시됩니다.

06 설정한 옵션에 맞게 녹색 평지가 넓게 펼쳐진 마인크래프트 화면이 표시됩니다.

옵션이 다르게 설정되어 있으면 그림과 다른 화면이 표시될 수 있습니다.

3. 마인크래프트 기본 사용하기

새로 만든 마인크래프트 화면을 이동하고 비행하는 등 움직이는 방법에 대해 알아보겠습니다.

01 평지를 둘러보기 위해 마우스를 왼쪽, 오른쪽으로 움직여 봅니다. 화면이 이동하는 것을 확인할 수 있습니다.

게임 화면을 모니터 전체 화면으로 표시하려면 옵션의 [비디오 설정]에서 [전체 화면: 켜짐]을 설정합니다.

02 평지를 이동하기 위해 키보드를 이용합니다. 앞으로 가려면 W, 뒤로 가려면 S, 왼쪽으로 가려면 A, 오른쪽으로 가려면 D를 누릅니다.

03 Space Bar 를 한 번 누르면 점프하는 동작을 합니다.

블록 위로 올라가거나 깊은 곳에 빠졌을 때 Space Bar 로 점프합니다.

04 Space Bar 를 빠르게 두 번 누른 후 다시 Space Bar 를 누르면 하늘로 높이 비행하는 것을 확인할 수 있습니다. 다시 평지로 내려가려면 Shift 를 누릅니다.

블록을 높이 쌓아야 할 때 비행 기능을 이용합니다.

4. 인벤토리 사용하기

마인크래프트에서 건축물 등을 만들기 위해 필요한 블록과 아이템을 가져와 사용하는 방법을 알아보겠습니다.

01 인벤토리 창을 불러오기 위해 키보드의 E 를 누릅니다. 그림과 같이 인벤토리 창이 표시됩니다.

각 탭을 클릭하여 다양한 블록과 아이템을 선택할 수 있습니다. 오른쪽의 스크롤 바를 이용해 목록에 표시되지 않는 것들도 찾을 수 있습니다.

02 게임에서 사용할 블록이나 아이템을 선택하기 위해 [장식 블록] 탭을 클릭합니다. [장식 블록]에 해당하는 아이템들이 표시되면 '민들레'를 클릭하여 선택합니다.

블록이나 아이템 위에 마우스 포인터를 가져가면 풍선 도움말로 이름을 표시합니다.

03 마우스로 인벤토리 창 아래의 빈 공간에 클릭해 필요한 블록이나 아이템을 가져다 놓습니다. 다시 게임으로 돌아가기 위해 Esc 를 누릅니다.

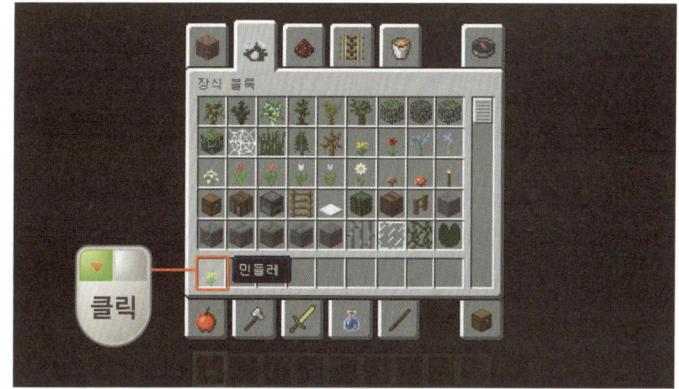

04 마인크래프트 화면 아래의 인벤토리 창에 선택한 민들레가 표시됩니다. 민들레를 심기 위해 마우스를 움직여 검은색 사각형이 표시되는 평지 위에 마우스 오른쪽 버튼을 클릭합니다.

05 노란색 민들레가 평지에 심어진 것을 확인할 수 있습니다. 심은 민들레를 없애기 위해 마우스를 움직여 민들레가 선택되면 마우스 왼쪽 버튼을 클릭합니다.

평지 위의 빈 공간에서 마우스 왼쪽 버튼을 클릭하면 잔디가 사라지고 움푹 파이게 됩니다.

06 심은 민들레가 없어지는 것을 확인할 수 있습니다.

G 를 누르면 인벤토리 창에서 선택한 아이템을 던집니다. 던진 아이템이 있는 곳을 통과하면 다시 인벤토리 창에 가져옵니다.

07 배운 방법을 이용하여 인벤토리 창에 그림과 같이 다양한 블록과 아이템을 가져옵니다.

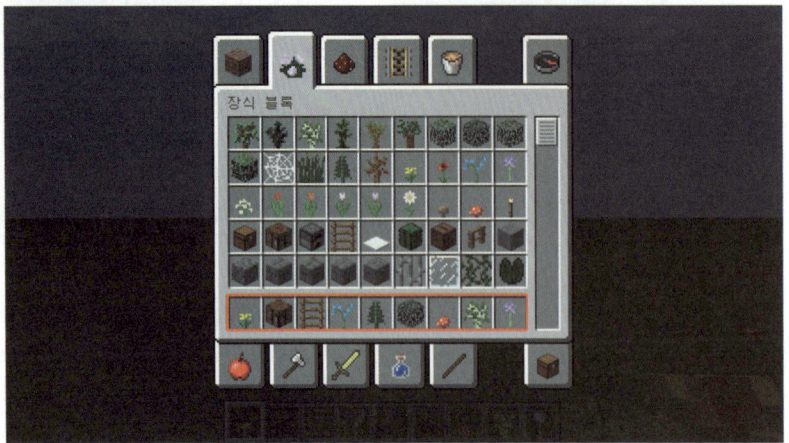

인벤토리 창에 가져온 아이템을 다시 목록으로 드래그하면 제외시킬 수 있습니다.

08 인벤토리 창의 두 번째 칸에 선택된 '작업대' 아이템을 사용하기 위해 키보드의 2 를 누릅니다.

09 두 번째 칸에 등록된 '작업대' 아이템이 선택된 것을 확인할 수 있습니다. 1 ~ 9 숫자키를 눌러 인벤토리 창에 등록된 아이템을 선택할 수 있습니다.

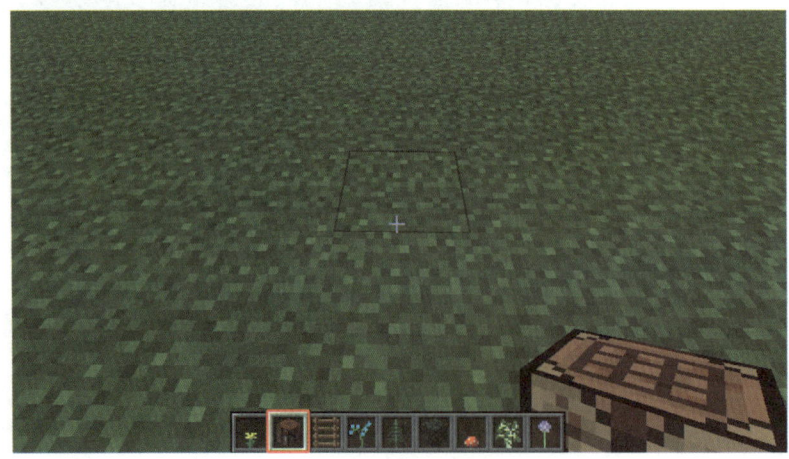

인벤토리 창에는 필요한 아이템만 등록하는 것이 좋습니다.

5. 게임 저장하기

사용 중인 게임을 저장하고 다시 불러와 계속 사용하는 방법을 알아보겠습니다.

01 게임을 저장하기 위해 Esc 를 누릅니다. [Game menu] 화면이 표시되면 [저장하고 나가기] 버튼을 클릭합니다.

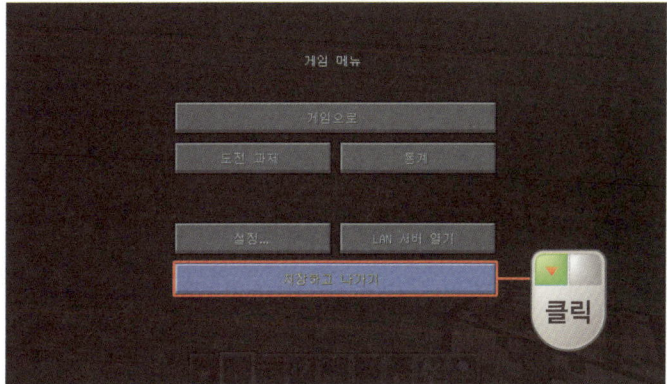

 다시 게임으로 돌아가려면 Esc 를 누르거나 [게임으로] 버튼을 클릭합니다.

02 게임이 저장되고 다시 마인크래프트 첫 화면이 표시되면 [싱글플레이] 버튼을 클릭합니다.

03 저장된 게임 목록이 표시되면 계속 만들 게임 목록을 선택하고 [선택된 세계 시작] 버튼을 클릭합니다.

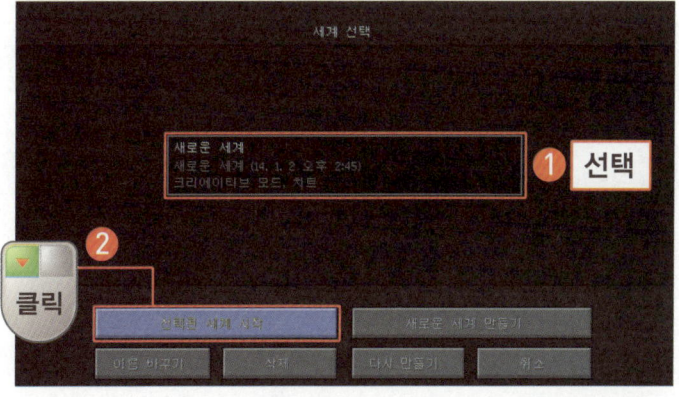

 선택한 게임 목록을 더블 클릭해도 게임을 실행할 수 있습니다.

이 책의 차례

- **01강** 나만의 화단 꾸며보기 ········· 18
- **02강** 커다란 나무 만들기 ··········· 24
- **03강** 젖소들의 목장 만들기 ········· 30
- **04강** 밭을 만들어 농사 짓기 ········ 36
- **05강** 석탑 만들기 ·················· 42
- **06강** 나만의 집 만들기 ············· 48
- **07강** 마구간 만들기 ················ 54
- **08강** 예쁜 정원을 만들기 ··········· 60
- **09강** 우리 마을의 상점 만들기 ······ 66
- **10강** 자동차가 다니는 도로 만들기 ··· 72
- **11강** 마을 사람들의 쉼터인 공원 만들기 ··· 78
- **12강** 어린이들의 신나는 놀이터 만들기 ··· 84

Contents

13강	아늑하고 울창한 호수 만들기	90
14강	즐거운 실내 수영장 만들기	96
15강	커다란 축구 경기장 만들기	102
16강	아픈 곳을 치료하는 병원 만들기	108
17강	아빠 엄마의 사무실 만들기	116
18강	카페 만들기	124
19강	교회 만들기	133
20강	즐거운 수업을 위한 학교 만들기	141
21강	놀이공원(1) : 워터 슬라이드 만들기	150
22강	놀이공원(2) : 바이킹 만들기	159
23강	놀이공원(3) : 회전의자 만들기	168
24강	놀이공원(4) : 롤러코스터 만들기	176

01강 나만의 화단 꾸며보기

마인크래프트를 처음 실행한 여러분 앞에는 드넓은 평지가 펼쳐집니다. 그림과 같이 화단을 만들고 꽃을 심어보면서 신기한 마인크래프트 세상으로 들어가 보겠습니다.

학습 목표
- 인벤토리의 사용법을 익힙니다.
- 기본적인 도구의 사용법을 익힙니다.

▲ 완성이미지

준비물
- 이끼 낀 조약돌 담장
- 울타리 문
- 꽃
- 장미

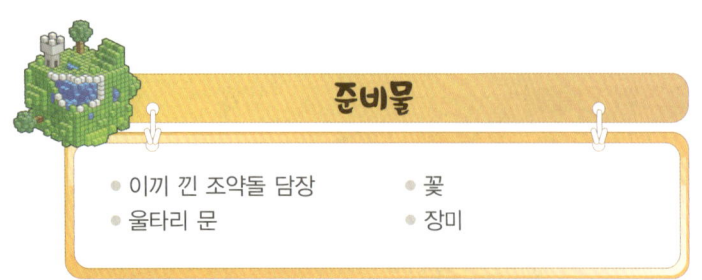

01 울타리 담장 세우기

재료들을 담는 인벤토리와 각 재료 도구의 사용법을 알아 보아요.

01 먼저 키보드의 E 키로 '준비물(인벤토리)' 창을 연 뒤 필요한 재료를 인벤토리로 옮겨 넣습니다. 이렇게 옮겨 담은 재료들은 순서대로 1 부터 4 까지의 번호를 번갈아 호출할 수 있습니다. 1 번을 눌러 '이끼 낀 조약돌 담장' 을 선택한 후 땅에 마우스 오른쪽 버튼을 클릭하며 울타리를 만들어 봅시다.

02 사각형으로 막힌 화단을 만들기 위해 마우스와 이동키(W -앞/ S -뒤/ A -왼쪽/ D -오른쪽)로 방향을 이동하고 마우스로 오른쪽 버튼 클릭을 반복하여 담장을 'ㄱ'자 모양으로 이어 줍니다.

02 울타리에 문 설치하기

화면을 둘러싸고 있는 담장에 멋진 출입구를 설치해 보아요.

01 네모 모양으로 담장을 연결하여 울타리를 모두 쌓았다면 화단으로 드나들 출입문이 필요하겠죠? 문이 설치될 공간을 비워 둔 채로 그림과 같이 담을 완성합니다.

02 두 번째 재료인 '울타리 문'을 사용하여 문을 만들어 봅시다. 두 번째 재료이므로 키보드의 2 번을 눌러 선택하면 되겠죠? 비워뒀던 문의 위치에 마우스 오른쪽 버튼을 클릭하여 울타리 문을 설치합니다.

03 화단 울타리 내부 꾸며주기

담장과 출입문으로 완성된 화단 내부에 알록달록한 꽃을 심어 나만의 예쁜 화단을 완성해 보아요.

01 이번에는 키보드의 3번으로 세 번째 재료인 '꽃'을 선택하고 담장 안쪽에 심어 줍니다. 비가 오거나 물을 뿌려주면 이 꽃들이 자라게 됩니다. 아름다운 화단이 될 수 있도록 예쁘게 심어 주세요.

02 화단 안에 노란색 꽃을 반 정도 심은 후 키보드의 4번으로 네 번째 재료 '장미'를 불러내어 심어주면 더욱 예쁜 모습의 화단이 되겠죠? 여러분 각자의 방법으로 아름다운 화단을 만들어 보세요.

03 그림과 같이 화단이 완성되었습니다. 마지막으로 벽은 완전하게 이어 졌는지, 꽃들은 여러분의 원하는 대로 배열되었는지 꼼꼼히 확인하세요. 여러분의 첫 번째 건축물인 화단이 완성되었답니다!

04 설치한 문에 마우스를 가져간 후 마우스 오른쪽 버튼을 클릭하면 문이 열리고 닫힙니다.

혼자서 뚝딱뚝딱

1 나무로 된 울타리의 화단을 만들어 보아요.

재료 울타리, 울타리 문, 꽃, 장미

2 벽돌로 된 울타리의 화단을 만들어 보아요.

재료 네더 벽돌 울타리, 울타리 문, 꽃, 장미

커다란 나무 만들기

이번에는 숲이나 공원 등지에서 볼 수 있는 큰 나무를 한 번 만들어 보겠습니다. 높이 날아오를 수 있는 비행을 통해 같은 재료로 일정한 모양을 내는 디자인 방법을 배울 수 있습니다.

학습 목표
- 수직으로 쌓는 건축 방법을 익힙니다.
- 재료를 활용한 디자인 방법을 익힙니다.

▲ 완성이미지

준비물
- 참나무
- 참나무 잎

01 나무의 기둥 세우기

키보다 높은 나무나 건물을 짓기 위한 비행 방법을 배워 보아요.

01 나무의 기둥을 세우기 위해 키보드의 1번을 눌러 준비물 중 첫 번째 재료인 '참나무 목재'를 선택한 후 자신이 정한 위치에 마우스 오른쪽 버튼을 클릭하여 쌓기 시작합니다.

02 일단 재료 하나가 놓여진 상태에서 그 위에 마우스를 가져간 후 마우스 오른쪽 버튼을 다시 한 번 클릭하면 2단으로 쌓이게 됩니다. 이 순서대로 위로 계속 올려 쌓아 나무 기둥을 완성합니다.

03 우리가 생각하는 나무 기둥을 만들려면 재료를 보다 높이 쌓아야 합니다. ⎡Space Bar⎤를 2번 연속으로 눌러주면 비행을 시작합니다. 하늘 높이 올라가게 되면 나무 기둥 위로 계속 쌓아가겠습니다.

04 비행을 시작하면 ⎡Space Bar⎤를 계속 누른 채 높이 오르거나 ⎡Shift⎤를 눌러 한 칸씩 내려갈 수 있습니다. ⎡Space Bar⎤를 두 번 연속으로 눌러 지상으로 바로 내려올 수 있습니다.

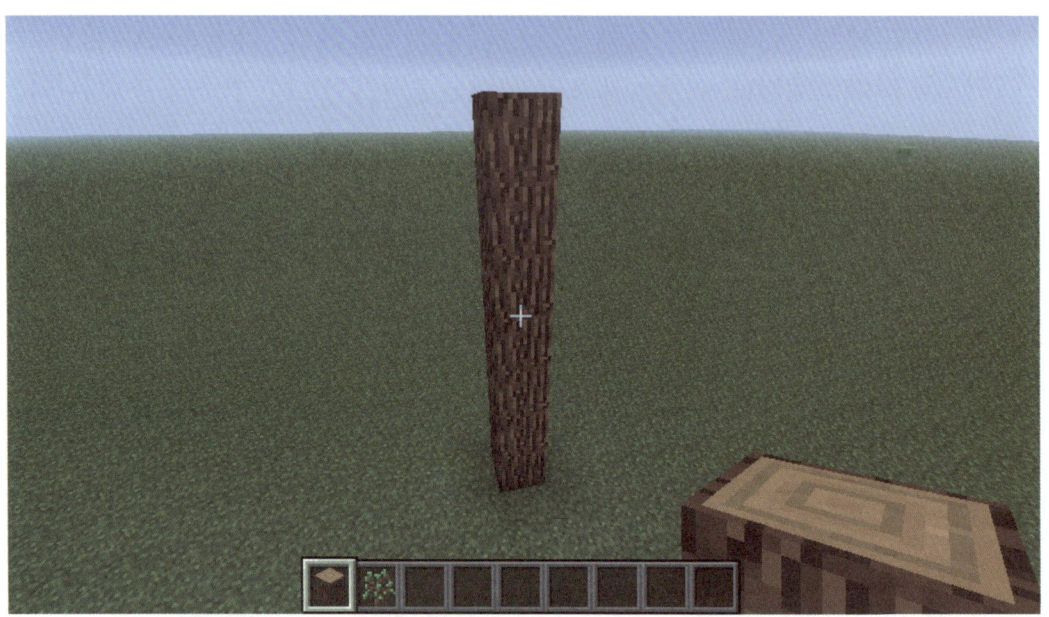

02 나뭇잎으로 완성하기

재료를 반복 사용하여 나뭇잎을 완성해 보아요.

01 나뭇잎을 꾸미기 위해 키보드의 2번으로 두 번째 재료인 '참나무 잎'을 선택하고 기둥 주변으로 배치하며 나뭇잎을 만들어 줍니다.

02 잎이 무성한 나무로 만들기 위해 주위를 돌아 날면서 참나무 잎이 기둥을 두르도록 만들어 줍니다.

03 끝도 없이 펼쳐진 평지 위에 우리만의 마을을 완성할 또 하나의 건축물을 완성하였습니다. 그림과 같이 잎을 더욱 넓고 무성하게 꾸밀수록 보다 더 풍성한 나무가 만들어집니다.

04 그림과 같이 여러분의 상상력을 동원하여 다양한 모양의 나무를 마음껏 만들어 보세요.

혼자서 뚝딱뚝딱

① 여러 재료들을 활용한 다른 종류의 나무도 만들어 보세요.

재료 가문비나무, 가문비나무 잎, 자작나무, 자작나무 잎, 정글 나무, 정글 나무 잎, 잔디

② 각 나무들을 서로 겹치게 배치하면서 울창한 숲을 만들어 보세요.

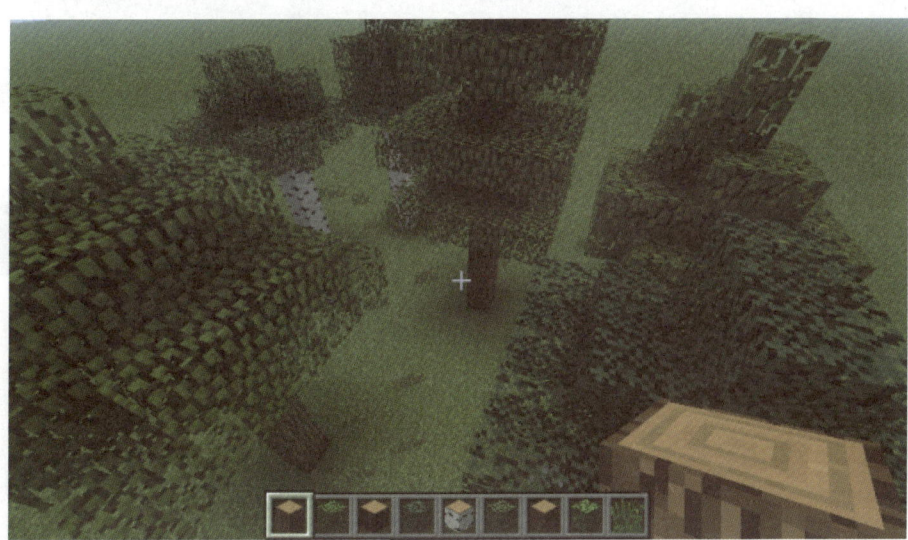

재료 참나무, 참나무 잎, 가문비나무, 가문비나무 잎, 자작나무, 자작나무 잎, 정글 나무, 정글 나무 잎

03강 젖소들의 목장 만들기

마인크래프트 세상에는 꽃이나 나무와 같은 식물과 더불어 여기저기에 흩어져 지내는 동물 친구들도 존재합니다. 이런 동물들을 데려와 기르는 방법을 알아보도록 하겠습니다.

학습목표
- 연습한 건축 응용 방법을 익힙니다.
- 동물을 데려와 기르는 법을 익힙니다.

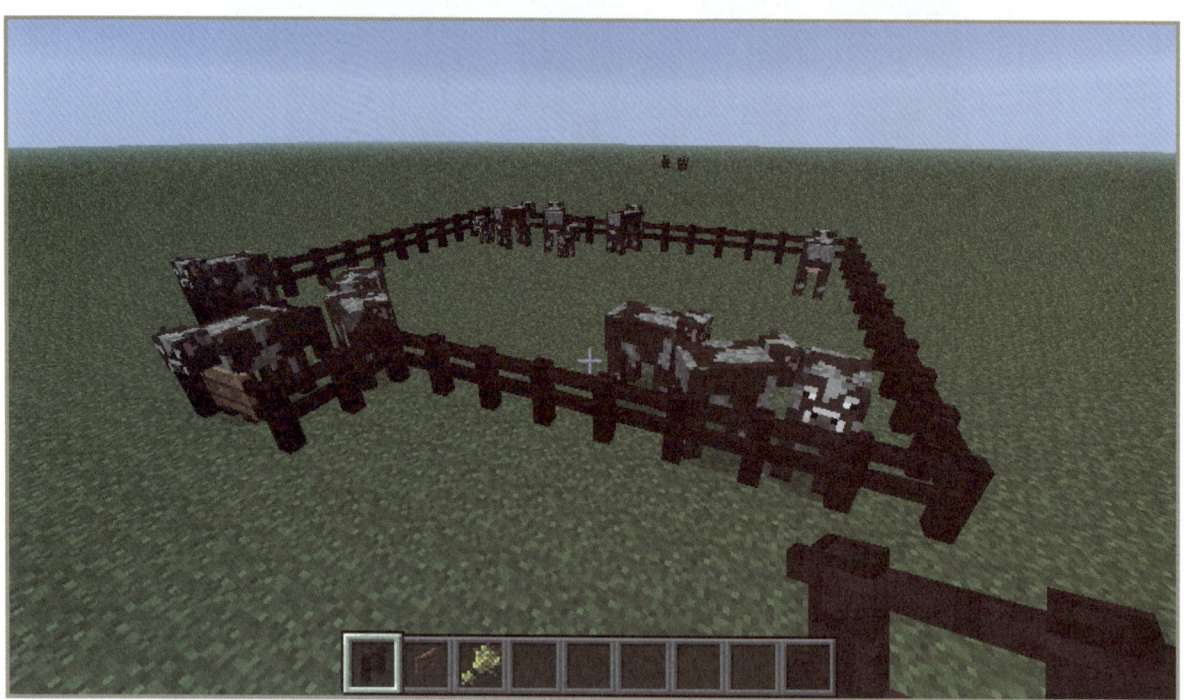
▲ 완성이미지

준비물
- 네더 벽돌 울타리
- 울타리 문
- 밀

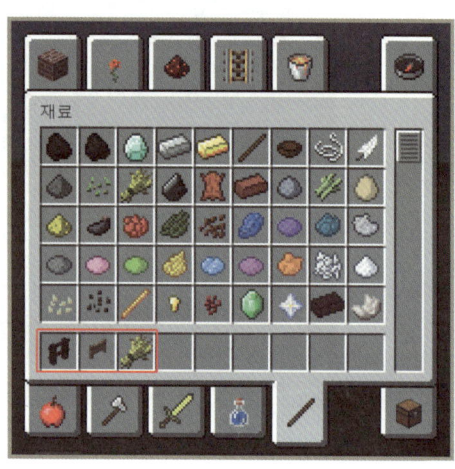

01 동물들을 보호해줄 울타리 만들기

앞에서 연습했던 울타리 건설 방법을 활용하여 동물들을 지켜 줄 울타리를 만들어 보아요.

01 키보드 번으로 '네더 벽돌 울타리'를 선택하고 울타리의 한쪽을 먼저 막아 줍니다. 앞으로 우리가 데려 온 동물 친구들이 지낼 곳이므로 어떤 동물을 몇 마리 정도 데려올 지 생각하여 크기를 결정합니다.

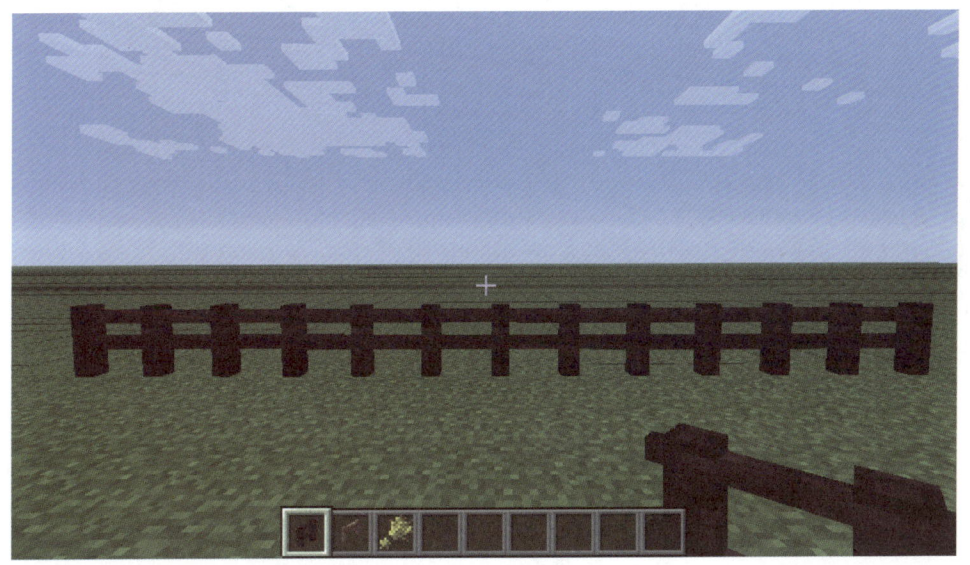

02 앞에서 연습했던 대로 울타리를 'ㄱ'자 모양으로 연결하여 사각형 공간을 완성해 갑니다.

03 그림과 같이 목장 입구만 빼고 울타리를 둘러 완성합니다. 크기가 너무 작거나 크면 울타리를 허문 뒤 조금씩 조정해 가면서 원하는 크기에 맞게 만들어 주세요.

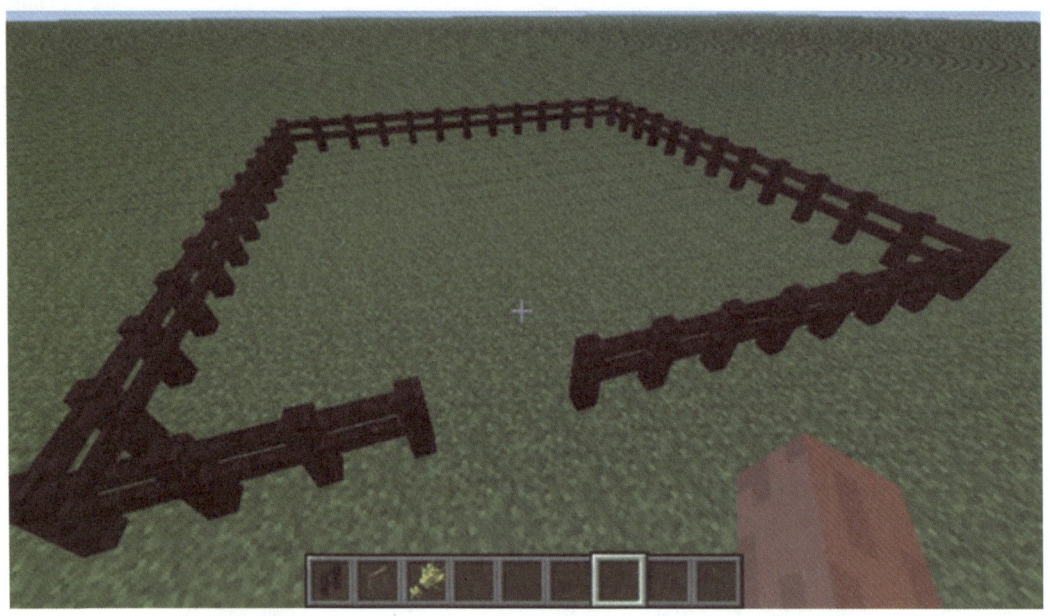

04 동물 친구들이 안전하게 드나들 수 있도록 입구 부분에 길을 만들어 줍니다. 이제 여러분이 데려오고 싶은 만큼 소들을 데려온 후 울타리 문을 달아 완성하게 될 것입니다.

 소를 데려와 목장 완성하기

좋아하는 먹이로 동물들을 유인해 목장 안에 넣은 후 문을 만들어 목장을 완성해 보아요.

01 울타리가 완성되었다면 동물을 찾아 보아요. 마인크래프트 세상을 조금 구경하러 다녀 보면 1~2마리씩 있는 소를 발견할 수 있어요. 소들은 세 번째 재료로 준비해 둔 밀을 좋아하므로 키보드 ③번으로 밀을 선택한 다음 소에 가까이 다가가면 따라오게 됩니다.

02 원하는 만큼 소를 목장 안으로 데려온 후 울타리 문을 만들어 목장을 완성합니다. 키보드 ②번을 눌러 울타리의 문을 선택하고 적당한 위치에 마우스 오른쪽 버튼을 클릭합니다.

03 밀을 좋아하는 소와 달리 돼지 친구들은 당근을 좋아합니다. 마인크래프트 세상 여기저기에 살고 있는 돼지들도 한 번 데려와 보세요.

04 그림과 같은 생긴 양들은 소처럼 밀을 좋아해요. 이제 양 친구들도 목장으로 데려올 수 있겠죠?

혼자서 뚝딱뚝딱

1 다음과 같이 다른 색의 재료들을 이용하여 돼지 목장을 만들어 보세요.

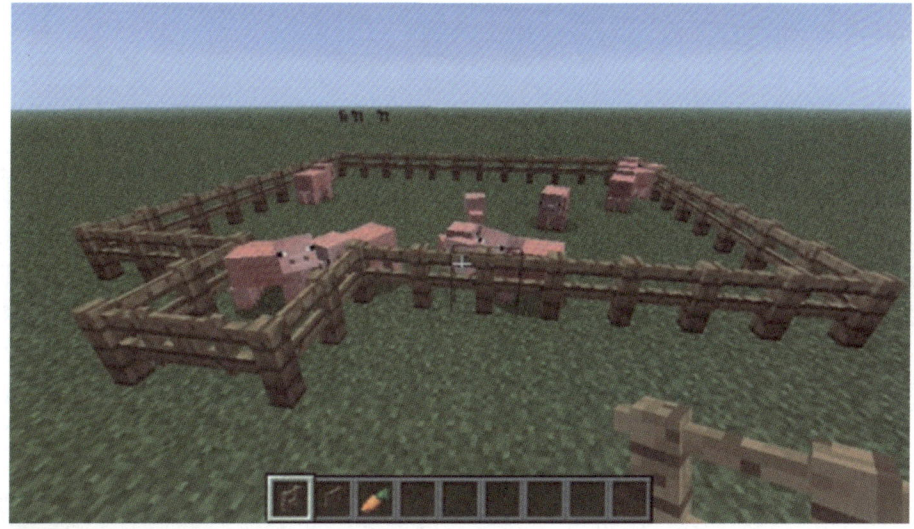

재료 울타리, 울타리 문, 당근

2 다음과 같이 양들을 위한 목장도 만들어 보세요.

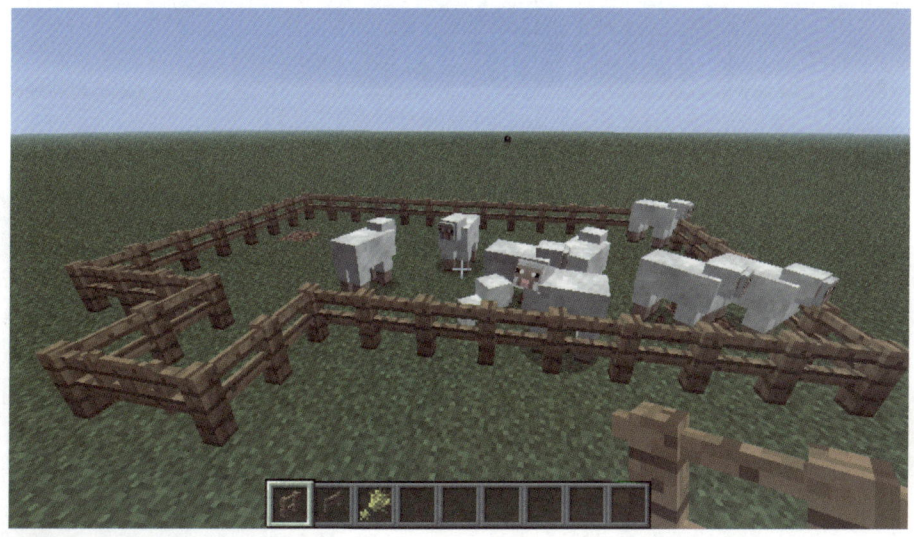

재료 울타리, 울타리 문, 밀

밭을 만들어 농사 짓기

잘 고른 땅에 씨앗을 심은 뒤 물을 주면 그 씨앗이 자라면서 열매를 맺게 되죠? 마인크래프트 세상은 우리가 알고 있는 농사의 기본적인 과정이 구현되어 있답니다. 우리 마을에도 잘 가꾼 밭을 만들어 볼까요?

학습 목표
- 씨앗을 심고 길러내는 방법을 익힙니다.
- 물 도구를 활용하는 방법을 익힙니다.

▲ 완성이미지

준비물
- 물 양동이
- 철 곡괭이
- 씨앗
- 울타리
- 울타리 문

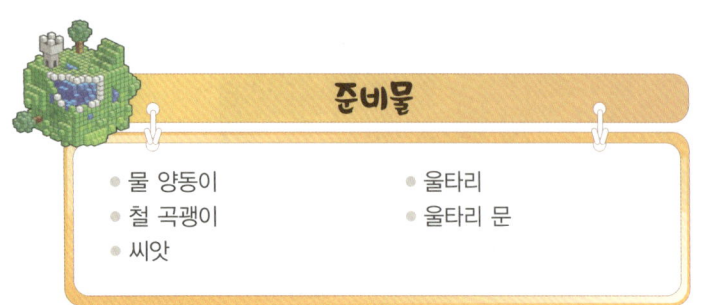

36

 밭 고랑 만들기

마인크래프트 세상에서 농사를 짓기 위해 꼭 필요한 기초 과정을 배워 보아요.

01 밭을 만들고 싶은 적당한 위치에 마우스 포인터를 가져간 후 마우스 왼쪽 버튼을 클릭하여 땅을 파기 시작합니다. 이때 재료는 무엇을 들고 있든 상관이 없습니다.

02 밭 고랑은 일렬로 적당한 크기만큼 파 줍니다. 이 곳에 물을 채워 준 뒤 그 곁에 씨앗을 심게 될 것이므로 너무 깊이 파지 않아도 됩니다.

03 고랑을 원하는 크기로 판 후 키보드 1번으로 첫 번째 재료로 넣어두었던 '물 양동이'를 선택하여 파 놓은 고랑에 물을 채워줍니다. 물이 없으면 땅이 말라버리게 됩니다.

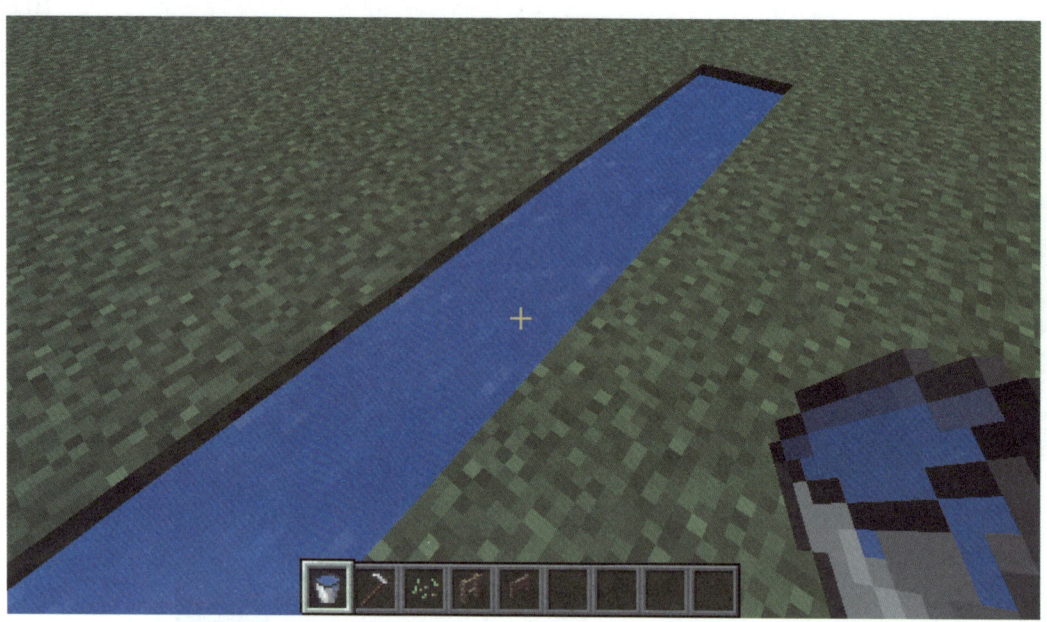

04 준비된 고랑 옆으로 씨앗을 심기 위해서는 곡괭이로 땅을 골라 주어야 합니다. 키보드 2번으로 '철 곡괭이'를 선택하여 물이 채워진 고랑 곁으로 일정하게 땅을 골라 줍니다. 고르지 않은 땅에 씨앗을 심으려고 하면 그냥 던져두게 될 뿐 심어지지 않습니다.

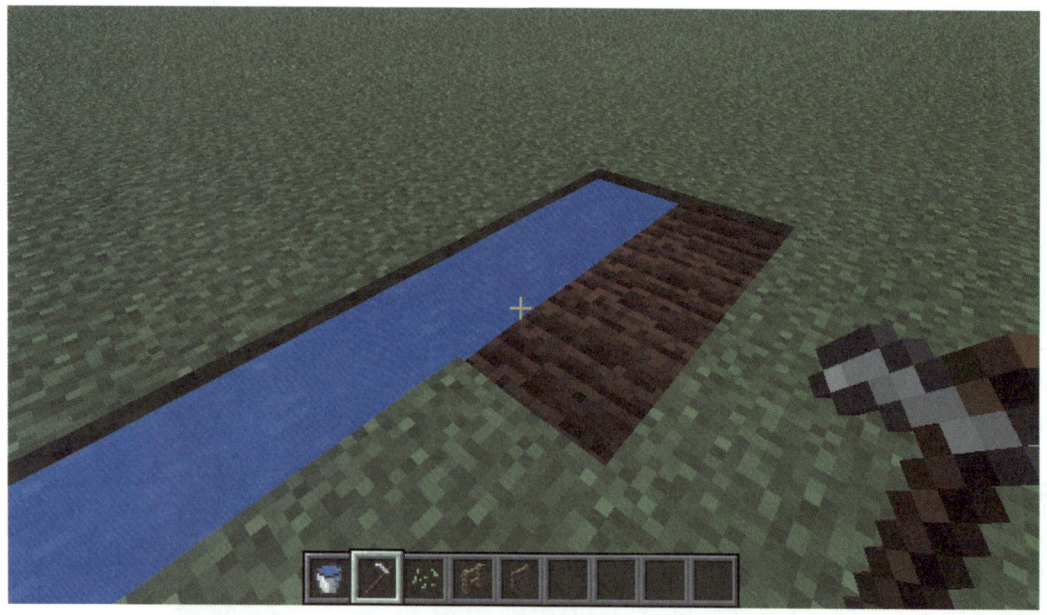

02 씨앗 심고 길러 보기

물을 채운 고랑 곁의 땅을 고르고 씨앗을 심어 자라나는 모습을 지켜 보아요.

01 땅을 고랑과 같은 크기로 잘 골라 주었다면 키보드 3번으로 '씨앗'을 선택한 후 고른 밭 위에 마우스 오른쪽 버튼을 클릭하여 심어줍니다.

02 같은 방법으로 그림과 같이 밭의 고랑을 여러 개 만든 후 물을 채워주고 그 곁의 땅을 곡괭이로 골라 준 뒤 씨앗을 심어 원하는 크기의 밭을 완성해 보세요.

03 밭 주변을 울타리로 둘러주기

하나의 구조물 주변에 울타리를 세워 주변 건물이나 구조물과 구분해 보아요.

01 다른 건축물과 구분되는 밭의 영역을 만들어 보겠습니다. 키보드 4번으로 네 번째에 준비해 둔 재료 '울타리'를 선택한 후 밭 주변에 울타리를 둘러 줍니다. 문을 설치하기 위한 자리는 비워 놓습니다.

02 모든 밭 영역을 울타리로 둘러 준 후 키보드 5번으로 '울타리 문' 재료를 선택하여 밭에 드나들 문을 완성해 줍니다. 농작물은 시간이 지날수록 점점 더 자라나게 됩니다.

혼자서 뚝딱뚝딱

1 다음과 같이 오아시스를 만들어 보세요.

재료 물 양동이, 정글 나무, 정글 나무 잎, 정글 나무 묘목, 잔디, 덩굴, 모래, 선인장

2 멋진 야외 수영장을 만들고 주변을 꾸며 보세요.

재료 석영 반 블록, 석영 블록, 물 양동이, 석영 계단, 자작나무, 자작나무 잎, 정글 나무, 장미, 꽃, 잔디

05강 석탑 만들기

이번에는 유적지 등에서 볼 수 있는 석탑을 만들어 보겠습니다. 높은 건물들을 만들 때 층을 쌓는 방법을 배울 수 있습니다.

학습 목표
- 건물을 2층 이상 쌓는 방법을 익힙니다.
- 표지판에 글을 적는 방법을 익힙니다.

▲ 완성이미지

준비물

- 돌
- 석재 벽돌
- 조약돌 담장
- 표지판

01 석탑 1층 세우기

건물을 2층 이상 쌓는 방법을 배워 보아요.

01 석탑의 바닥을 쌓기 위해 키보드의 1번을 눌러 준비물 중 첫 번째 재료인 '돌'을 선택합니다. 바닥 1단은 가로와 세로 방향으로 각 9칸을 배열하고, 2단은 7칸씩 배열하여 쌓아 줍니다.

02 석탑의 바닥이 놓여진 상태에서 2층을 쌓기 위해 키보드의 2번을 눌러 두 번째 재료인 '석재 벽돌'을 선택하고 비행 기능을 이용하여 바닥 밖에서 1칸 안쪽 부분에 3단 높이의 기둥을 서로 1칸씩 띄워서 세워 줍니다.

02 석탑 2층 만들기

석탑의 1층 기둥 위로 2층과 3층을 쌓아 보아요.

01 키보드의 1번을 눌러 첫 번째 재료인 '돌'을 선택한 후 세워진 기둥 위에 2층 바닥이 되는 부분을 쌓아 줍니다.

02 2층 바닥이 완성되면 다시 한 번 키보드의 2번을 눌러 두 번째 재료인 '석재 벽돌'을 선택한 후 1층을 만들 때 사용했던 방법을 이용해 바닥 밖에서부터 2칸을 띄우고 2단 높이로 된 기둥들을 서로 2칸씩 띄운 채 세워 줍니다.

03 1, 2층과 같은 방법으로 총 3층까지 쌓인 석탑의 모습입니다. 다음의 그림처럼 석탑을 완성해 보세요.

04 석탑의 3층까지 완성되면 첫 번째 재료인 '돌'과 두 번째 재료인 '석재 벽돌'을 사용하여 석탑의 꼭대기를 만들어 줍니다.

03 석탑 담장 세우기

완성된 석탑 주변으로 담장과 표지판을 세워보아요.

01 완성된 석탑의 담장을 쌓기 위해 키보드의 3 번을 눌러 세 번째 재료인 '조약돌 담장'을 선택하고 석탑 주변을 돌아가며 담장을 쌓아 줍니다.

02 표지판을 세우기 위해 키보드의 4 번을 눌러 네 번째 재료인 '표지판'을 선택합니다. 표지판을 넣을 위치에 마우스 오른쪽 버튼을 클릭하면 표지판에 글씨를 적을 수 있습니다. 여기에서는 우선 'stone tower'라고 적어 주었습니다. 여러분이 원하는 글자를 적어 보세요.

혼자서 뚝딱뚝딱

1 다음과 같이 커다란 시계탑을 만들어 보세요.

재료 석재 벽돌, 석영 블록, 검은 양털

2 다음과 같이 바람을 이용하는 풍차를 만들어 보세요.

재료 사암, 벽돌, 청금석 블록, 석영 블록

06강 나만의 집 만들기

앞 단계에서 연습한 건축 기술들을 활용해 하나의 완전한 건물을 완성하는 방법을 배워 보겠습니다.

학습목표 ● 건물을 세우는 기본 원리를 익힐 수 있습니다.

▲ 완성이미지

준비물

- 조각된 석영 블록
- 벽돌
- 석영 반 블록
- 유리
- 나무문

01 집터 만들기

집의 크기만큼 터를 만들고 원하는 색상의 재료를 활용하여 바닥을 완성해 보아요.

01 먼저 집의 크기만큼 터를 파도록 하겠습니다. 가로는 7칸, 세로는 8칸으로 된 직사각형 모양으로 집의 터를 만듭니다.

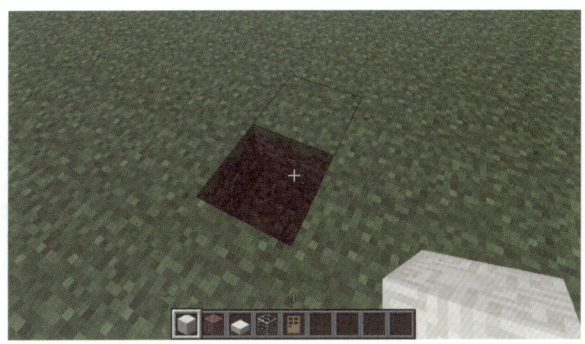
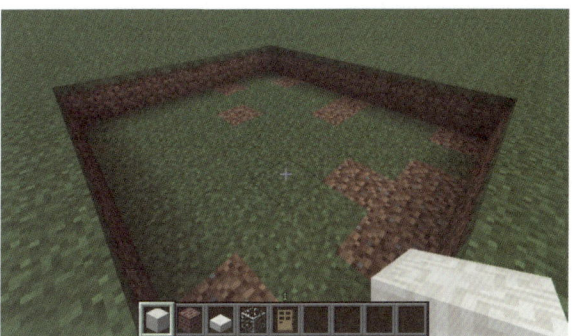

02 터를 다 파 주었다면 파여진 땅에 첫 번째 재료인 '조각된 석영 블록'을 선택한 후 바닥을 채워 줍니다. 이 부분은 집의 바닥이 되는 곳으로 다른 재료를 사용하여 색상을 바꿔 줄 수도 있답니다.

03 채워진 바닥 위로 벽을 만들어 보겠습니다. 바닥 테두리 위에 두 번째 재료인 '벽돌'을 사용해서 집으로 들어갈 수 있는 출입문 자리만 비워 둔 채 네모 모양으로 쌓아줍니다.

02 벽과 지붕 만들기

바닥과 기초가 세워진 집의 벽을 채우고 굴뚝이 있는 지붕을 만들어 보아요.

01  를 2번 연속으로 눌러 비행을 시작합니다. 벽이 되는 각 모서리에 다음과 같이 벽돌을 5단씩 쌓아 벽을 세울 수 있는 기둥을 만듭니다.

02 모서리에 세운 기둥 사이로 출입문과 창문의 자리는 남겨둔 채 원하는 만큼 벽을 쌓아 줍니다.

03 지붕을 만들기 위해 바닥을 채웠던 첫 번째 재료 '조각된 석영 블록'을 키보드 1번으로 다시 선택한 후 벽면 옆에 일렬로 쌓아줍니다. 이때 벽보다 양 옆으로 한 칸씩 더 나오게 쌓으면 보다 지붕의 느낌을 살릴 수 있습니다.

04 지붕은 대각선으로 바로 쌓을 수 없기 때문에 벽의 재료로 사용한 '벽돌' 재료로 지붕이 놓일 추가 벽면을 먼저 쌓은 다음 그 위에 지붕을 쌓아줍니다. 이렇게 지붕을 하나씩 완성해 보세요.

05 지붕이 완성되면 키보드의 ③번으로 '석영 반 블록'을 선택한 후 출입문 위쪽에 2단으로 위치하는 차양을 만들어 줍니다. '차양'이란 햇볕을 가리거나 비가 들이치는 것을 막기 위하여 출입문 위쪽에 설치하는 가림막을 말합니다.

06 지붕 위에 굴뚝을 만들기 위해 지붕 위 적당한 위치를 마우스 왼쪽 버튼으로 클릭하여 2칸 정도 부순 후 그 자리에 두 번째 재료인 '벽돌'을 3단으로 쌓아 완성합니다.

03 창문과 출입문 설치하기

햇빛이 들어오는 창문과 집으로 들어가는 출입문을 만들어 보아요.

01 이제 키보드의 4 번으로 '유리'를 선택한 후 벽을 쌓을 때 비워두었던 창문 자리를 채워 줍니다. 빈 창문 자리들을 모두 채워 완성합니다.

02 지붕과 차양 사이에 창문을 하나 더 만들기 위해 마우스 왼쪽 버튼으로 적당한 위치를 클릭하여 부순 후 유리를 설치해서 창문을 추가합니다.

03 이제 마지막으로 문을 설치해 집을 완성해 보겠습니다. 키보드의 5 번으로 '나무문'을 선택한 후 비워두었던 출입문 자리에 설치합니다. 이 나무문을 마우스 오른쪽 버튼으로 클릭하면 열리고 닫힙니다.

혼자서 뚝딱뚝딱

① 다음과 같이 집 안을 예쁘게 꾸며보세요.

재료 침대, 책장, 자작나무 계단, 화분, 꽃, 장미, 그림

② 다음과 같이 집 주변에 담장과 의자를 만들어 보세요.

재료 자작나무 목재, 참나무 잎, 울타리, 자작나무 계단, 양털, 파란 양털

마구간 만들기

울타리와 벽 만들기를 응용하여 말들이 지내는 마구간을 만들어 보겠습니다. 단순히 주변에 울타리를 둘러 완성했던 축사와 달리, 건물의 느낌을 가진 마구간을 완성해 봄으로써 조형미에 대한 기본적인 감각을 배울 수 있습니다.

학습 목표
- 앞에서 학습한 기능의 응용법을 익힐 수 있습니다.
- 조형에 대한 감각을 익힐 수 있습니다.

▲ 완성이미지

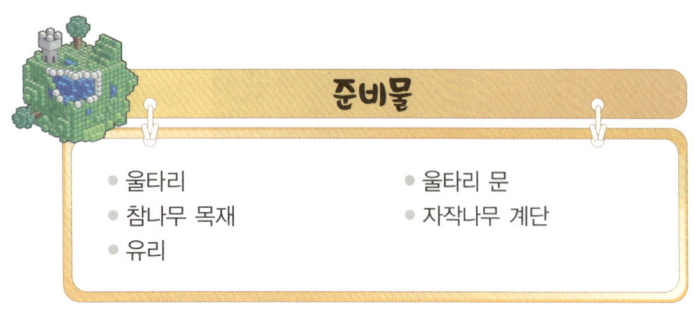

준비물
- 울타리
- 참나무 목재
- 유리
- 울타리 문
- 자작나무 계단

01 중간 기둥과 입구 만들기

울타리를 세워 기둥과 입구를 만들어 보아요.

01 마구간 중간 부분의 기둥이 되는 울타리를 만들어 보겠습니다. 키보드의 1 번으로 첫 번째 재료인 '울타리'를 선택하여 가로 6칸인 울타리를 3단으로 쌓아 줍니다.

02 중간 기둥이 세워지면 말들이 드나들 수 있는 입구를 만들어 줍니다. 문을 설치할 수 있는 자리를 1칸 비워둔 채 2단으로 울타리를 쌓아 줍니다.

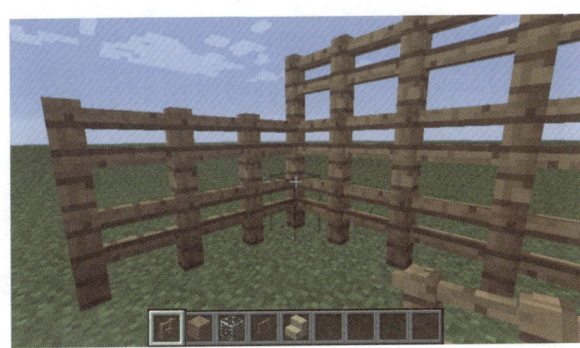

03 두 마리의 말이 살 수 있도록 다른 쪽도 문이 설치될 자리만 비운 후 같은 방법으로 설치해 줍니다.

02 외벽 만들기

마구간 벽과 햇빛이 드는 창문을 만들어 보아요.

01 마구간의 벽을 설치하기 위해 키보드의 2 번을 눌러 '참나무 목재'를 선택한 후 입구 옆으로 7칸 너비의 벽을 4단으로 쌓아 줍니다.

02 한쪽 벽면을 쌓은 후 같은 방법으로 연결된 부분의 벽도 서로 이어지도록 쌓아 줍니다.

03 마지막으로 남은 한쪽 벽면도 마저 쌓아 3개 방향으로 막힌 마구간의 외벽을 완성합니다.

04 이번에는 햇빛이 드는 창문을 만들어 보겠습니다. 벽면에 마우스 왼쪽 버튼을 클릭하여 창문이 될 자리를 부숴 줍니다.

05 창문이 될 자리가 생기면 이제 키보드의 3번을 눌러 '유리' 재료를 선택한 후 창문을 설치합니다.

06 마구간의 지붕을 만들기 위해 키보드의 2번을 눌러 '참나무 목재'를 선택한 후 벽면들의 위를 지붕으로 덮어 줍니다.

03 마구간의 문과 내부 꾸미기

울타리 문과 말이 음식을 먹을 수 있는 통을 만들어 보아요.

01 키보드의 4 번을 눌러 '울타리 문'을 선택한 후 비워둔 자리에 출입문을 설치합니다. 말은 다른 동물보다 키가 크기 때문에 '울타리 문'을 2단으로 설치해 줍니다.

02 말이 먹이를 먹을 수 있는 먹이통(구유)을 만들어 보겠습니다. 키보드의 5 번을 눌러 '자작나무 계단'을 선택한 후 벽면 쪽에 하나를 먼저 설치하고, 그 옆에 하나를 더 추가하면 자동으로 모양이 변합니다.

03 그림과 같이 사각형으로 된 먹이통을 양쪽에 모두 설치하여 마구간을 완성합니다.

혼자서 뚝딱뚝딱

① 다음과 같이 양계장을 만들고 닭을 데려와 넣어 보세요.

재료 자작나무 목재, 울타리, 나무문

② 다음과 같이 돼지우리를 만들고 돼지들을 데려와 넣어 보세요.

재료 울타리, 울타리 문, 가마솥, 물 양동이

예쁜 정원을 만들기

앞에서 연습했던 '꽃'과 '물 양동이' 재료의 사용법을 응용하여 예쁜 꽃들과 시원함을 느끼게 해주는 분수대가 설치된 정원을 만들어 보겠습니다.

학습 목표
- '물 양동이' 재료의 응용법을 익힙니다.

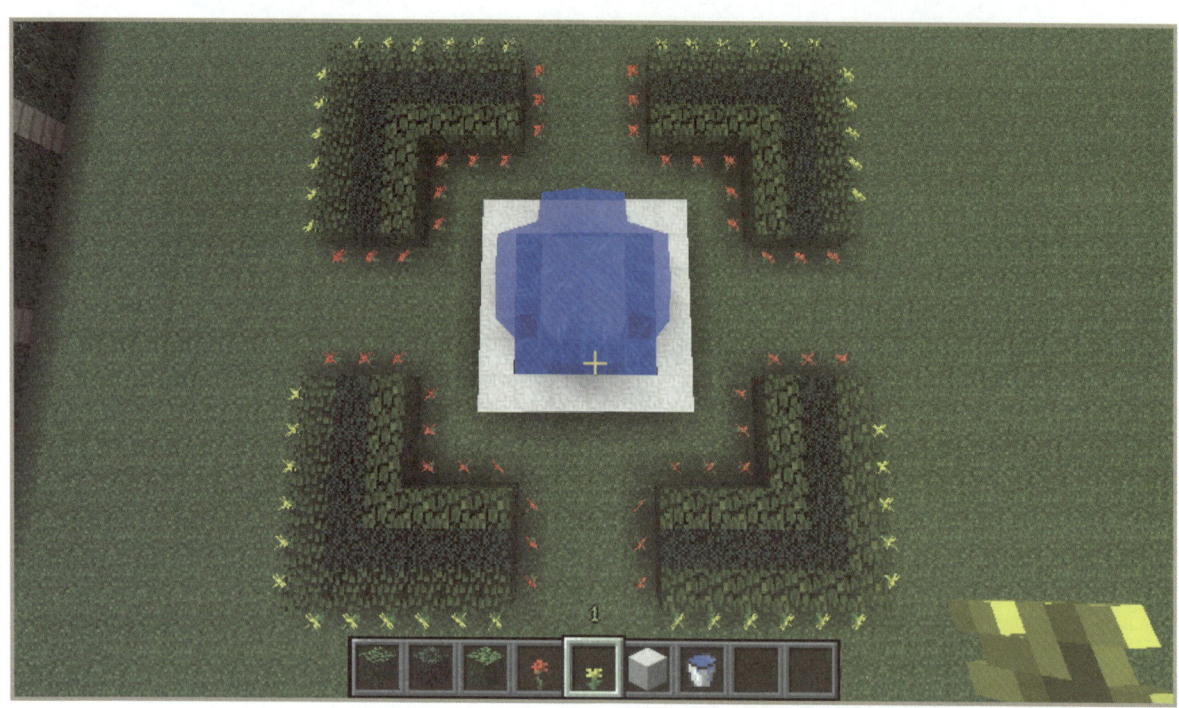

▲ 완성이미지

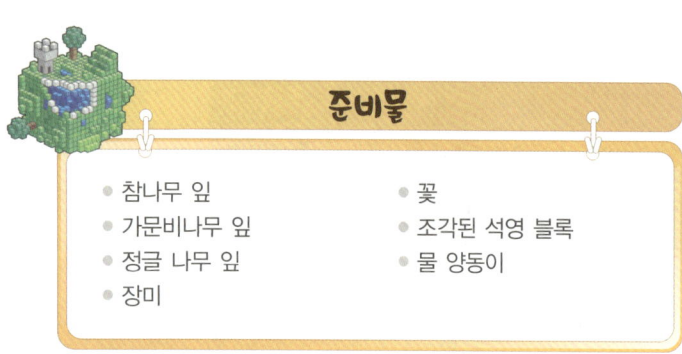

준비물

- 참나무 잎
- 가문비나무 잎
- 정글 나무 잎
- 장미
- 꽃
- 조각된 석영 블록
- 물 양동이

 정원의 모양 만들기

다양한 나뭇잎 재료들을 사용하여 정원의 풀숲을 꾸며보아요.

01 먼저 정원의 모양을 꾸며 보겠습니다. 키보드의 1번을 눌러 재료 '참나무 잎'을 선택한 후 6칸으로 'ㄴ' 모양으로 만들어 줍니다.

02 키보드의 2번을 눌러 재료 '가문비나무 잎'을 선택한 후 '참나무 잎'의 안쪽에 같은 모양으로 쌓아 줍니다.

03 키보드의 3번으로 세 번째 재료인 '정글 나무 잎'을 선택해 '가문비나무 잎' 안쪽으로 심어 줍니다.

04 옆으로 이동해 완성된 정원과의 사이의 간격을 4칸 띄우고 첫 번째 재료인 '참나무 잎'을 선택한 후 그림과 같은 모양으로 만들어 줍니다.

05 같은 방법을 이용하여 두 번째 재료 '가문비나무 잎'과 세 번째 재료 '정글 나무 잎'을 선택한 후 그림처럼 심어 줍니다.

06 두 개가 모두 완성되면 나머지 두 곳도 같은 방법으로 그림과 같이 정사각형 모양으로 만들어 줍니다.

02 예쁜 꽃 심어주기

완성된 정원의 풀숲 주변을 예쁜 꽃으로 꾸며보아요.

01 정원 외곽을 예쁜 꽃으로 꾸미기 위해 키보드의 4번을 눌러 '장미'를 선택한 후 정원 안쪽을 따라 장미꽃을 심어 줍니다.

02 정원 안쪽 전체를 같은 방법으로 심어 줍니다. 이제 정원의 모습이 조금씩 완성됩니다.

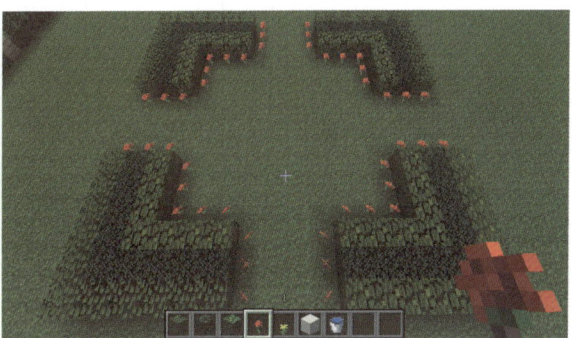

03 키보드 5번을 눌러 '꽃'을 선택한 후 정원 바깥쪽을 따라 심어줍니다. 정원의 모양은 여러분의 상상력을 동원하여 마음껏 만들어 보세요.

03 분수대 만들기

보기만 해도 시원함을 느끼게 해 줄 분수대를 완성해 보아요.

01 정원에 분수대를 만들기 위해 키보드의 ⑥번을 눌러 '조각된 석영 블록'을 선택한 후 정원 중앙에 정사각형 모양으로 만들어 줍니다.

02 분수대 중앙으로 물이 흘러내릴 수 있는 기둥을 정사각형 모양으로 3단 높이로 쌓아 줍니다.

03 키보드의 ⑦번을 눌러 '물 양동이'를 선택한 후 기둥 꼭대기 네 곳에 모두 물을 부어 분수대를 완성합니다.

혼자서 뚝딱뚝딱

① 다음과 같이 예쁜 꽃들이 피어있는 식물원을 만들어 보세요.

재료 철 블록, 유리, 철 괭이, 꽃, 장미, 물 양동이

② 다음과 같이 수박밭과 호박밭을 만들어 보세요.

재료 철창, 철 괭이, 수박씨, 호박씨, 물 양동이, 표지판

09강 우리 마을의 상점 만들기

집과 마구간의 건축 기술을 응용하여 일상생활에 필요한 물건을 살 수 있는 우리 마을의 상점을 만들어 보겠습니다.

학습목표 ● 문을 자동으로 열 수 있도록 해주는 '감압판' 재료의 활용법을 익힙니다.

▲ 완성이미지

준비물

- 조각된 석영 블록
- 연두색 양털
- 유리
- 감압판
- 나무문
- 양털
- 파란 양털
- 발광석

 상점 건물의 기초세우기

상점의 크기만큼 터를 먼저 만든 뒤에그 바닥을 완성해 보아요.

01 먼저 상점의 바닥이 되는 터를 파도록 하겠습니다. 가로와 세로 크기가 각각 9칸인 정사각형 모양으로 상점의 터를 잡아 줍니다.

02 상점의 크기만큼 터를 파 주었다면 키보드의 1번을 눌러 첫 번째 재료인 '조각된 석영블록'을 선택하여 파인 땅을 채워 바닥면을 완성합니다.

 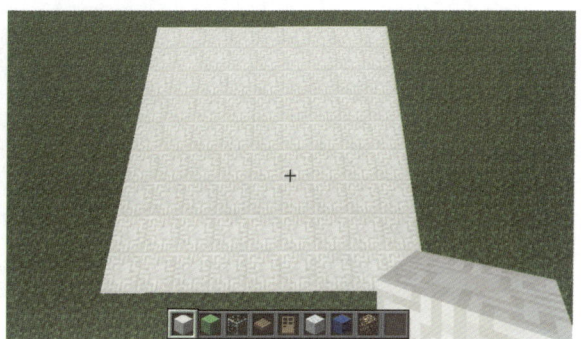

03 채워진 바닥 위로 외벽의 기초를 만들어 보겠습니다. 키보드의 2번을 눌러 재료 '연두색 양털'을 선택한 후 상점으로 들어갈 수 있는 출입문 자리를 비워 둔 채 사각형 모양으로 쌓아 줍니다.

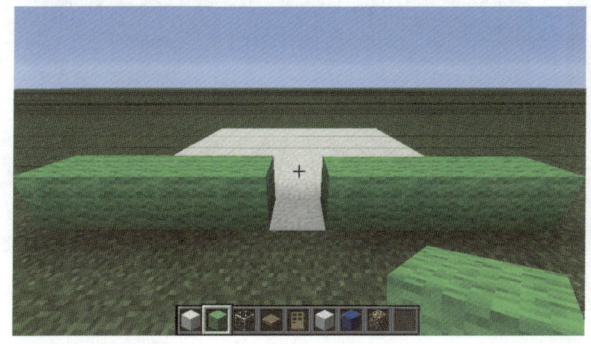 

02 벽면 쌓아 올리기

완성된 기초 위로 상점 건물의 벽면을 만들어 보아요.

01 벽면을 쌓기 위해 먼저 각 모서리에 그림과 같이 벽을 세우기 위한 기둥을 4단으로 쌓아 올립니다.

02 기둥을 모두 세웠다면 기둥과 기둥 사이를 벽면으로 채웁니다. 정면의 벽은 출입문 자리를 비워 문을 설치할 공간으로 남겨두겠습니다.

03 벽면을 모두 채웠다면 양쪽 벽면 모두 창문이 설치될 위치를 정하여 벽을 부숴 줍니다.

03 창문과 출입문 만들기

상점 내부를 들여다 볼 수 있는 창문과 자동으로 열리는 문을 만들어 보아요.

01 키보드의 3번으로 '유리'를 선택한 후 양쪽 창문 자리를 채우고 출입문을 설치할 자리를 비운 채로 정면의 벽 또한 모두 채워 줍니다.

 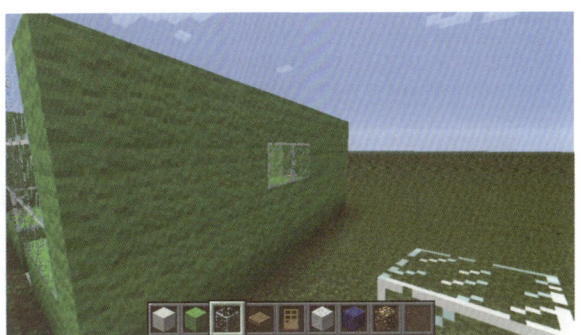

02 자동으로 문을 열 수 있도록 해주는 '감압판'을 설치하겠습니다. 키보드의 4번을 눌러 재료 '감압판'을 선택한 후 출입문 안쪽과 바깥쪽에 감압판을 설치합니다.

03 키보드의 5번으로 재료 '나무문'을 선택한 후 미리 비워둔 출입문 자리에 설치합니다. 출입문 앞으로 다가가면 감압판이 눌리면서 자동으로 문이 열리게 됩니다.

지붕과 실내 조명 설치하기

상점의 지붕을 설치하고 발광석을 이용하여 실내를 환하게 꾸며 보아요.

01 이제 지붕을 덮어 건물을 완성하겠습니다. 키보드의 6번을 눌러 재료 '양털'을 선택한 후 벽면의 위쪽으로 지붕을 덮어 줍니다.

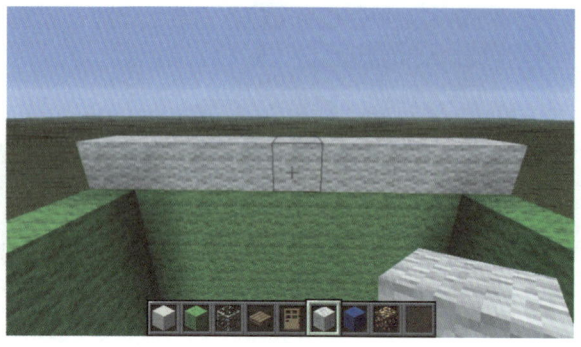 

02 '양털' 재료로 쌓은 지붕 위에 다시 한 번 키보드의 7번을 눌러 선택한 재료 '파란 양털'로 덮어 2가지 색상의 지붕을 표현합니다.

03 발광석을 이용하여 어두운 실내를 환하게 만들어 보겠습니다. 키보드의 8번을 눌러 '발광석'을 선택한 후 적당한 위치를 정하여 천정을 부수고 그 자리에 발광석을 설치해 줍니다.

혼자서 뚝딱뚝딱

① 다음과 같이 상점에 진열된 물건들과 함께 계산대를 꾸며 보세요.

재료 양털, 울타리 문, 아이템 액자, 사과, 수박, 익히지 않은 생선, 당근, 구운 닭고기, 표지판

② 다음과 같이 건물 외벽에 테이블과 파라솔을 만들어 보세요.

재료 석영 계단, 사암 계단, 울타리, 양털, 파란 양털

자동차가 다니는 도로 만들기

이번에는 먼 거리를 빠르게 이동할 수 있는 자동차용 도로를 만들어 보겠습니다. 자동차들이 씽씽 달릴 수 있도록 중앙선을 포함한 차선과 신호등까지 완성해 보겠습니다.

학습 목표
- 실재하는 구조물을 조형하는 감각을 익힐 수 있습니다.
- '액자' 재료의 사용법을 익힐 수 있습니다.

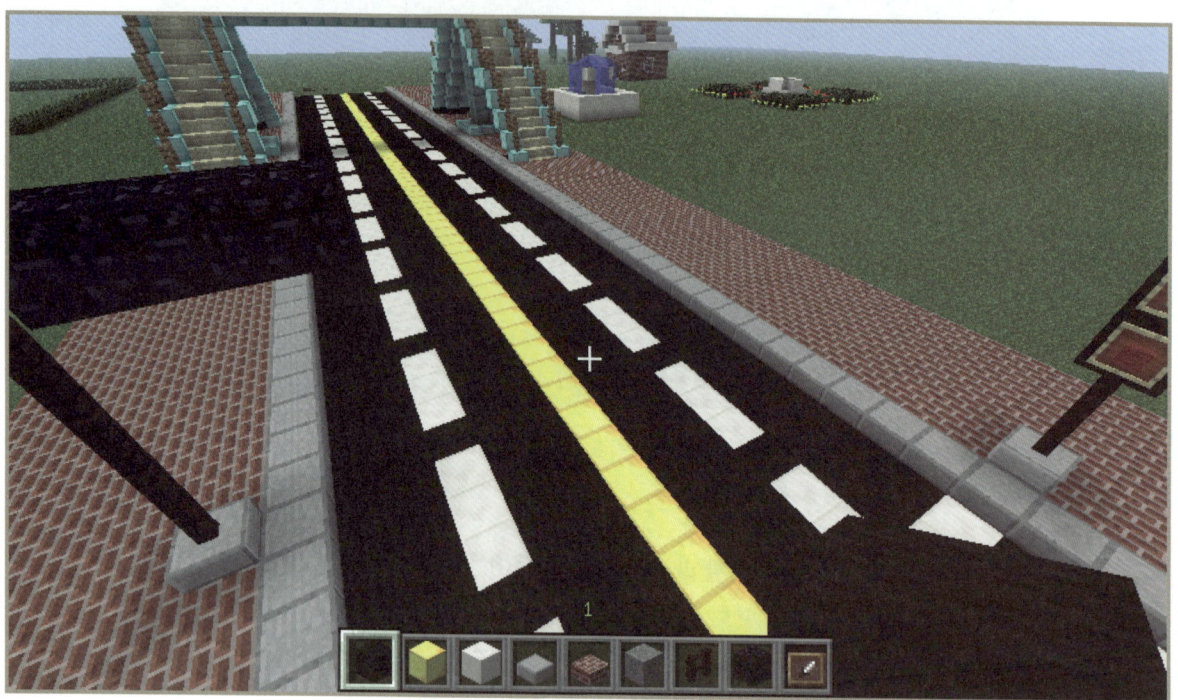

▲ 완성이미지

준비물

- 검은 양털
- 금 블록
- 석영 블록
- 돌 반 블록
- 벽돌 반 블록
- 돌
- 네더 벽돌 울타리
- 흑요석
- 아이템 액자
- 빨간 양털
- 노란색 양털
- 연두색 양털

 자동차가 달리는 도로 설치하기

자동차 도로의 실제 색상과 비슷한 재료를 이용하여 아스팔트를 완성해 보아요.

01 자동차 도로를 만들기 위해 도로의 폭을 11칸으로 원하는 도로의 길이만큼 땅을 파 줍니다.

02 키보드의 1번을 눌러 '검은 양털' 재료를 선택하여 파인 땅을 메꿔 검은색 아스팔트 영역을 표현합니다.

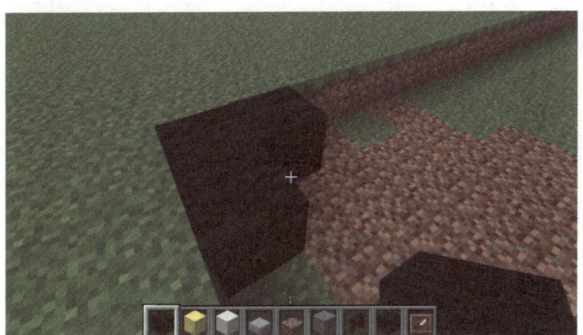 

03 이번에는 도로의 중앙선을 만들어 보겠습니다. 키보드의 2번을 눌러 재료 '금 블록'을 선택하고 중앙선이 놓일 도로의 정 중앙을 일렬로 부순 다음 '금 블록'을 설치하여 중앙선을 표현합니다.

04 차선을 만들기 위해 키보드의 3번을 눌러 재료 '석영 블록'을 선택한 후 도로의 끝과 중앙선 사이의 정 중앙부를 일렬로 3칸 정도 부수어 그 자리에 '석영 블록'을 설치합니다.

05 같은 방법을 이용하여 차선의 모양을 완성합니다. 앞서 설치된 차선으로부터 1칸을 띄우고 또 다시 3칸을 부순 다음 '석영 블록'을 깔아주는 방식으로 도로의 끝까지 차선을 이어 줍니다.

06 한쪽이 완성되면 반대편 도로 역시 같은 방법으로 차선을 완성합니다.

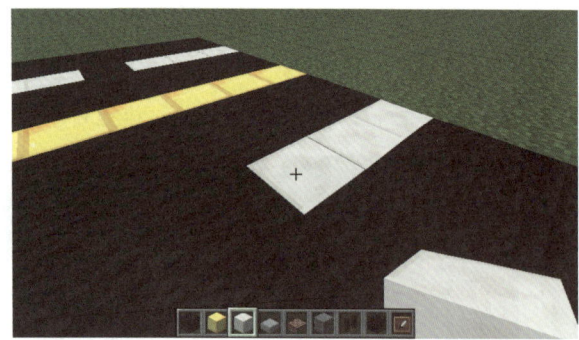 

02 사람이 걸어다닐 수 있는 인도 설치하기

길을 지나는 행인들이 다닐 수 있는 인도를 완성해 보아요.

01 인도를 만들기 전에 먼저 자동차가 인도로 넘어오지 못하도록 막는 방지턱을 도로와 인도의 경계에 설치합니다. 키보드의 4번을 눌러 '돌 반 블록'을 선택한 후 도로의 양 끝에 설치합니다.

02 이번에는 사람들이 걸어 다니게 될 인도를 만들어 보겠습니다. 키보드의 5번을 눌러 재료 '벽돌 반 블록'을 선택한 후 만들어 놓은 방지턱 옆으로 인도를 설치합니다.

03 한쪽 인도가 완성되면 반대편도 같은 방법으로 인도를 완성해 줍니다.

03 신호등 설치하기

달리는 자동차들을 제어하여 진행과 정지를 지시하는 신호등을 만들어 보아요.

01 먼저 신호등을 고정시켜 세울 받침판을 설치합니다. 키보드의 6번을 눌러 재료 '돌'을 선택한 후 인도의 블록 하나를 부수어 1칸 크기로 설치합니다.

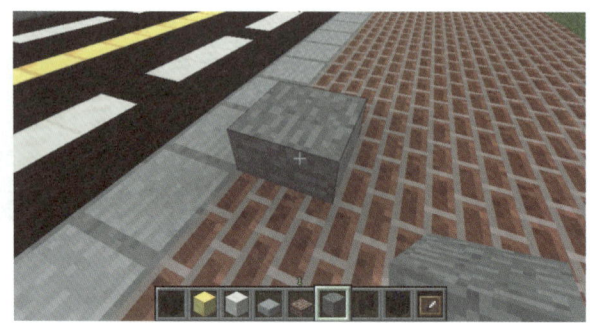

02 설치한 돌판 위에 신호등을 만들어 보겠습니다. 키보드의 7번을 눌러 재료 '네더 벽돌 울타리'를 선택한 후 신호등의 기둥을 4단 높이로 세워주고 키보드의 8번으로 재료 '흑요석'을 선택하여 기둥 옆으로 설치합니다.

03 완성된 신호등에 색을 넣어 보겠습니다. 키보드의 9번을 눌러 재료 '아이템 액자'를 선택한 후 흑요석에 달아줍니다. '준비물(인벤토리)' 창에 있는 '빨간 양털', '주황색 양털', '연두색 양털'을 각각 불러와 설치된 '아이템 액자' 안에 배치하여 신호등을 완성합니다.

혼자서 뚝딱뚝딱

① 다음과 같이 주민들이 도로를 건널 수 있는 횡단보도를 만들어 보세요.

재료 석영 블록, 돌 반 블록, 네더 벽돌 울타리, 흑요석, 아이템 액자, 연두색 양털, 빨간 양털

② 다음과 같이 안전하게 도로를 건널 수 있는 육교를 만들어 보세요.

재료 다이아몬드 블록, 사암 계단, 사암, 울타리

11강 마을 사람들의 쉼터인 공원 만들기

화단의 건축 방법을 응용하여 예쁜 강아지도 산책시키며 휴식을 취할 수 있는 공원을 만들어 보겠습니다.

학습목표 ● 여러 개의 구조물을 조합하여 하나의 전체 구조물을 조형할 수 있는 감각을 익힐 수 있습니다.

▲ 완성이미지

준비물

- 돌 반 블록
- 참나무 잎
- 자작나무
- 자작나무 잎
- 꽃
- 장미
- 벽돌 반 블록

 멋진 나무정원 만들기

전체 공원의 그림을 머릿속으로 그려본 후 그 중 첫 번째 공간인 나무정원 자리를 완성해 보아요.

01 먼저 하단 왼쪽의 첫 번째 나무정원을 만들어 보겠습니다. 키보드의 1번을 눌러 재료 '돌 반 블록'을 선택한 후 가로 7칸, 세로 8칸의 크기로 쌓아 줍니다.

02 마치 물음표와 같이 지그재그 형태로 이뤄진 반대쪽 라인을 완성하여 그림과 같은 모양으로 완성합니다.

03 화단의 모양이 완성되면 키보드의 2번으로 '참나무 잎' 재료를 선택한 후 화단 안쪽 라인을 따라 연속하여 심어 줍니다.

02 두 번째 정원 공간 만들기

첫 번째 나무정원과 대칭된 구조의 두 번째 공간을 디자인해 보아요.

01 화단을 하나 더 만들기 위해 키보드의 1번을 눌러 재료 '돌 반 블록'을 선택한 후 첫 번째 화단 옆으로 4칸을 띄워 폭이 15칸인 두 번째 화단을 지그재그 모양으로 된 외곽선으로 대칭을 이루도록 완성합니다.

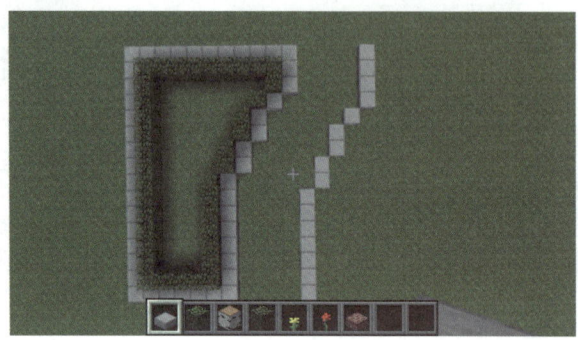

02 그림과 같이 두 번째 화단은 2개의 공간으로 나누어 설치하여 작은 공간을 나무와 꽃을 심은 정원으로 활용하고 큰 공간을 주민들이 쉴 수 있는 공원 영역으로 꾸밀 수 있도록 준비합니다.

03 두 번째 화단이 모두 완성되면 키보드의 2번을 눌러 재료 '참나무 잎'을 선택한 후 화단 안쪽으로 심어 줍니다.

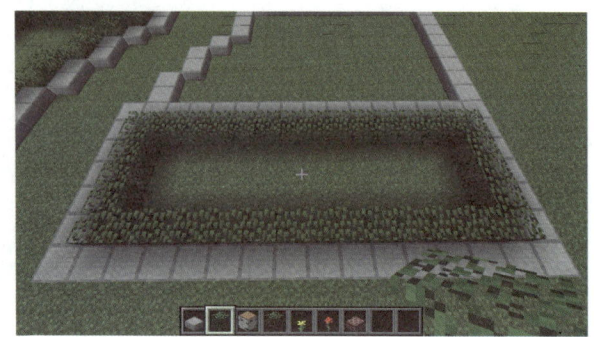

 **마지막 화단 공간 및 나무와 꽃 심기**

마지막으로 완성 이미지 위에 화단을 만들고 시원한 그늘을 만들어 주는 나무와 예쁜 꽃을 심어보아요.

01 이번에는 세 번째 화단을 만들어 보겠습니다. 키보드의 1번을 눌러 재료 '돌 반 블록'을 선택한 후 5칸 너비로 구성된 2개의 공간을 설치합니다.

02 첫 번째 화단 안에 나무를 심어 보겠습니다. 키보드의 3번, 4번으로 각각 '자작나무'와 '자작나무 잎'을 선택한 후 나무들을 배치합니다. 여러분이 상상하는 다양한 나무의 모양을 만들어 꾸며 보세요.

03 두 번째 화단에도 같은 방법을 이용하여 나무를 심어 줍니다. 여러 가지 모양으로 만들어 보세요.

04 세 번째 화단의 2개의 공간 중 한쪽에는 꽃을 심기 위해 키보드의 5번, 6번으로 각각 '꽃'과 '장미'를 선택한 후 자유롭게 심어 줍니다.

05 다 되었다면 세 번째 화단의 나머지 공간에는 키보드의 3번, 4번으로 각각 '자작나무'와 '자작나무 잎' 재료들을 활용한 나무로 채워 줍니다.

06 두 번째 화단의 나머지 공간을 쉼터로 만들어 보겠습니다. 키보드의 7번을 눌러 '벽돌 반 블록'을 선택한 후 바닥을 파고 그 위에 블록을 설치해 완성합니다.

혼자서 뚝딱뚝딱

① 다음과 같이 밤에도 길을 환하게 비춰줄 수 있는 가로등을 만들어 보아요.

재료 돌, 네더 벽돌 울타리, 발광석

② 다음과 같이 쉼터에 벤치와 분수대를 만들어 보아요.

재료 울타리, 참나무 계단, 석영 블록, 석영 반 블록, 물 양동이, 잔디 블록, 꽃, 장미

12강 어린이들의 신나는 놀이터 만들기

마을 어린이들이 친구들과 어울려 신나게 뛰어 놀 수 있는 우리 동네의 놀이터를 아기자기한 색상의 재료들로 만들어 보겠습니다.

학습 목표 ● 다양한 색상의 재료들을 활용하여 원하는 구조물을 표현할 수 있는 창의력을 기를 수 있습니다.

▲ 완성이미지

준비물

- 분홍색 양털
- 연두색 양털
- 석재 벽돌 반 블록
- 사암 반 블록
- 사다리
- 울타리
- 사암 계
- 모래

 놀이터 바닥 설치하기

넘어져도 다치지 않는 푹신푹신한 놀이터 바닥을 완성해 보아요.

01 놀이터의 크기만큼 터를 잡기 위해 가로와 세로 모두 14칸의 크기로 바닥을 파 줍니다.

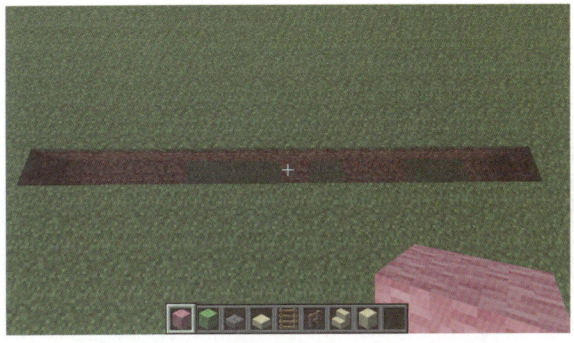 

02 알록달록한 놀이터의 바닥을 표현하기 위해 키보드의 1번과 2번으로 각각 '분홍색 양털'과 '연두색 양털'을 선택한 후 가로와 세로 모두 2칸 크기로 된 분홍색과 연두색 사각형을 번갈아 배치합니다.

03 이제 같은 방법으로 놀이터 전체를 모눈종이 문양의 바닥으로 채워 줍니다.

02 놀이기구 설치하기

어린이들이 타고 즐길 수 있는 다양한 놀이기구를 재미있게 만들어 보아요.

01 첫 번째 놀이기구인 '시소'를 설치해 보겠습니다. 키보드의 3번을 눌러 재료 '석재 반 블록'을 선택한 후 3단 높이로 쌓아 시소의 중앙 기둥을 만들어 줍니다.

02 키보드의 4번으로 재료 '사암 반 블록'을 선택한 후 중앙 기둥 옆으로 배치합니다.

03 키보드의 1번을 눌러 '분홍색 양털'을 선택한 후 2단 높이로 된 평균대를 만듭니다. 평균대에 오를 수 있도록 키보드의 5번으로 '사다리'를 선택하여 설치해 줍니다.

04 벤치를 만들기 위해 키보드의 6번을 눌러 '울타리'를 선택한 후 4칸 크기로 된 울타리를 설치합니다.

05 키보드의 7번을 눌러 재료 '사암 계단'을 선택한 후 설치한 울타리 영역 안쪽에 배치하여 벤치를 완성합니다.

06 구름 사다리를 만들기 위해 여섯 번째 재료인 '울타리'를 선택한 후 3단 높이로 쌓아 구름 사다리 모양으로 만들어 줍니다.

03 모래밭과 담장 설치하기

친구들과 흙장난을 할 수 있는 모래밭과 함께 외부로부터 어린이들을 보호할 수 있도록 담장을 완성해 보아요.

01 모래밭의 바깥 부분을 만들기 위해 키보드의 ③번을 눌러 재료 '석재 반 블록'을 선택한 후 사각형으로 배치합니다.

02 키보드의 ⑧번을 눌러 재료 '모래'를 선택한 후 완성된 외곽선 안쪽을 파서 그 안을 채워 줍니다.

03 마지막으로 담장을 세워 놀이터를 완성해 보겠습니다. 키보드의 ⑥번을 눌러 다시 여섯 번째 재료인 '울타리'를 선택하여 놀이터 주변으로 담을 쌓아 완성합니다.

혼자서 뚝딱뚝딱

1. 다음과 같이 하늘 높이 올라가는 그네를 만들어 보세요.

재료 울타리, 참나무 계단

2. 다음과 같이 신나게 미끄러져 내려오는 미끄럼틀을 만들어 보세요.

재료 양털, 참나무 계단, 물 양동이, 울타리, 파란 양털, 노란색 양털

13강 아늑하고 울창한 호수 만들기

지금까지 연습한 조형 감각을 최대한 활용하여 시원한 바람과 그늘을 전해주는 아름다운 호숫가를 완성해 보겠습니다.

학습목표
- 'TNT' 재료의 활용 방법을 익힐 수 있습니다.
- '물 양동이'의 활용법을 익힐 수 있습니다.

▲ 완성이미지

준비물

- TNT
- 레드스톤 횃불
- 물 양동이
- 연꽃잎
- 울타리
- 참나무
- 참나무 잎
- 잔디
- 장미
- 꽃
- 석영 블록

 호수 바닥면 완성하기

'TNT' 재료를 활용하여 지면에 보다 자연스러운 굴곡을 표현한 호수의 바닥면을 만들어 보아요.

01 폭탄 아이템인 'TNT' 재료의 사용법에 대해 알아 보겠습니다. 키보드의 1번을 눌러 재료 'TNT'를 선택한 후 마우스 오른쪽 버튼으로 클릭해 설치한 다음 키보드의 2번을 눌러 재료 '레드스톤 횃불'을 선택합니다. 선택한 '레드스톤 횃불'을 'TNT'에 대고 마우스 오른쪽을 클릭하면 불이 붙습니다.

02 그림과 같이 'TNT'가 폭발하면서 땅이 파입니다. 이 과정을 반복하여 원하는 크기만큼의 땅을 파 줍니다. 그림에서는 3번의 폭발을 일으켜 호수의 바닥면을 만들었습니다.

03 키보드의 3번으로 재료 '물 양동이'를 선택한 후 바닥면 가득히 물을 채워 호수를 완성합니다.

 **호수 주변 꾸미기**

물을 채워 완성된 호수에 연꽃을 띄우고 주변에는 나무와 예쁜 꽃들을 심어 아름다운 호숫가를 완성해 보아요.

01 호수 안을 꾸며기 위해 키보드의 4번으로 '연꽃잎'을 선택한 후 호수 안에 원하는 모양과 수만큼 연꽃잎을 띄워 줍니다.

02 깊은 호수에 함부로 들어가지 못하도록 울타리를 설치해 보겠습니다. 키보드의 5번으로 다섯 번째 재료 '울타리'를 선택한 후 호수 주변을 빙 둘러가며 울타리를 완성합니다.

03 시원한 그늘을 만들어 줄 나무들을 심어 보겠습니다. 키보드의 6번과 7번에 해당하는 '참나무'와 '참나무 잎'을 선택한 후 호수 주변으로 원하는 모양의 나무들을 만들어 줍니다.

04 나무와 호수 주변에 잔디를 심어 보겠습니다. 키보드의 8번 재료 '잔디'를 선택한 후 호수 주변으로 원하는 모양대로 심습니다.

05 울긋불긋한 꽃을 심기 위해 키보드의 9번으로 '장미' 재료를 선택하여 빨간색 꽃을 군데군데 심어 줍니다. 키보드의 E키로 '준비물(인벤토리)' 창을 연 뒤 재료 중 '꽃'을 '장미' 대신에 추가하여 호수 울타리 바깥 영역으로 마음껏 심어 봅니다.

06 울타리 안에도 꽃을 심어 보겠습니다. 키보드의 9번 자리에 각각 '장미'와 추가로 선택할 수 있는 '꽃'을 번갈아 배치하여 울타리 안쪽에도 예쁘게 꽃을 심습니다.

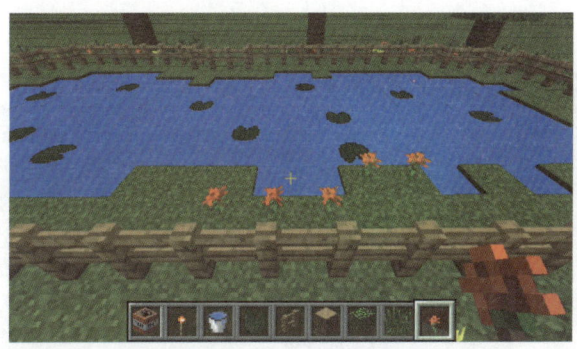 

 ## 호수 내에 분수대 설치하기

호수의 물 안에서 작동하는 분수대를 완성해 보아요.

01 호수 안에 시원스러운 분수대도 설치해 보겠습니다. '준비물(인벤토리)' 창을 열어 재료 중 '석영 블록'을 맨 끝 자리에 바꿔 배치한 후 원하는 위치에 사각형으로 분수대 바닥을 설치합니다.

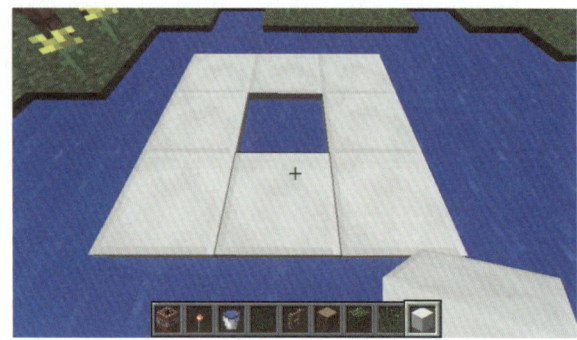

02 물이 흘러 내릴 수 있도록 분수대 바닥 중앙에는 3단 높이로 기둥을 세워 줍니다.

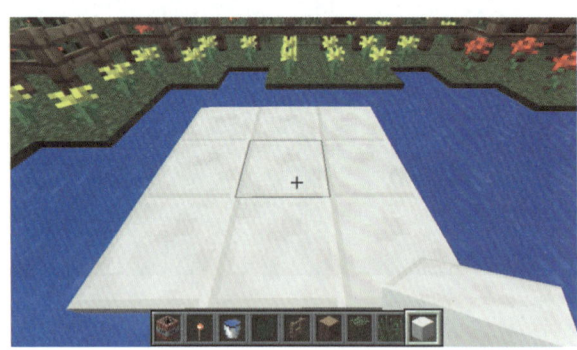

03 키보드의 3번을 눌러 '물 양동이'를 선택한 후 세워진 기둥 꼭대기에 물을 부어 주면 분수대가 완성됩니다.

혼자서 뚝딱뚝딱

1. 다음과 같이 호수를 건널 수 있는 예쁜 다리를 만들어 보세요.

재료: 사암 계단, 사암, 석영 블록, 네더 벽돌 울타리, 발광석

2. 다음과 같이 운동을 할 수 있는 조깅로와 자전거 도로를 만들어 보세요.

재료: 연두색 양털, 빨간 양털, 석영 블록, 금 블록

14강 즐거운 실내 수영장 만들기

이번에는 신나게 수영도 즐기고 시원한 물놀이도 함께 즐길 수 있도록 실내 수영장을 만들어 보겠습니다. 실내 수영장의 실제 모양을 최대한 상상하며 과정을 따라 만들어 봅니다.

학습 목표
- 다양한 색상의 재료들을 활용한 표현 방법을 익힐 수 있습니다.
- '감압판' 재료의 활용법을 복습합니다.

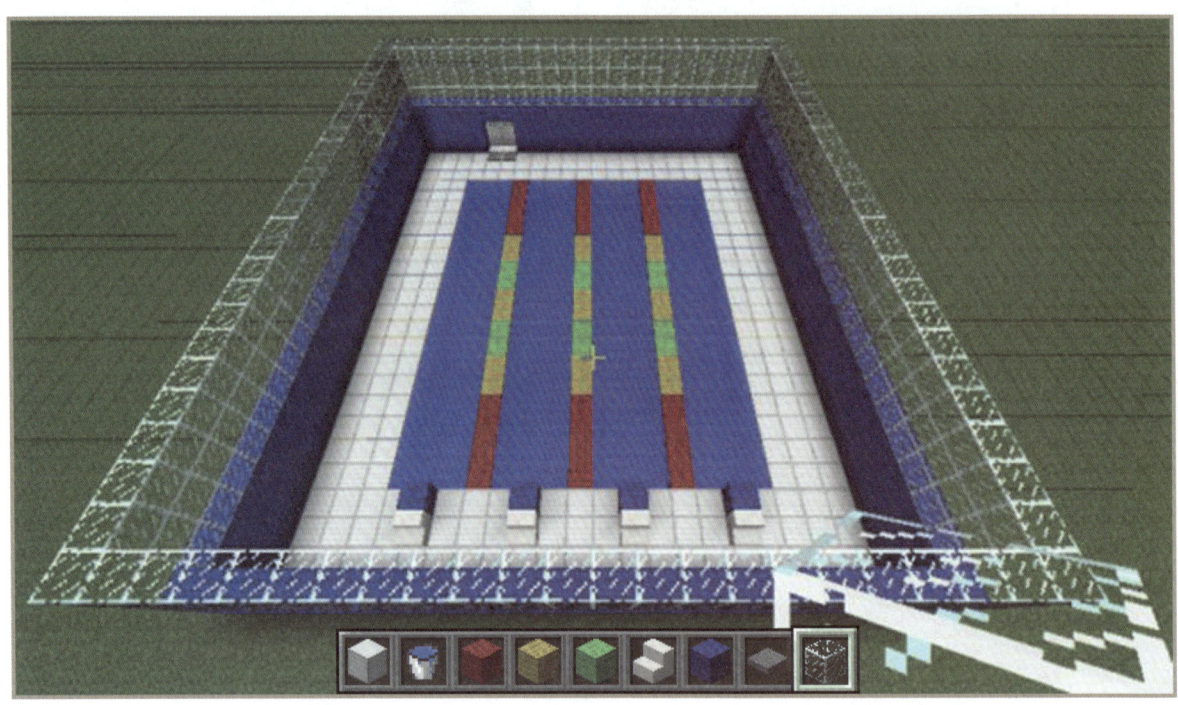

▲ 완성이미지

준비물

- 철 블록
- 물 양동이
- 빨간 양털
- 노란색 양털
- 연두색 양털
- 석영 계단
- 파란 양털
- 감압판
- 철문
- 유리

01 수영장 바닥 설치하기

수영장에 물을 채울 공간을 완성한 후 내부 색상을 표현할 바닥을 채워 보아요.

01 원하는 만큼의 크기로 수영장의 터를 만들어 보겠습니다. 여기에서는 깊이가 3칸이고 가로 18칸, 세로 20칸으로 된 크기의 땅을 파도록 하겠습니다.

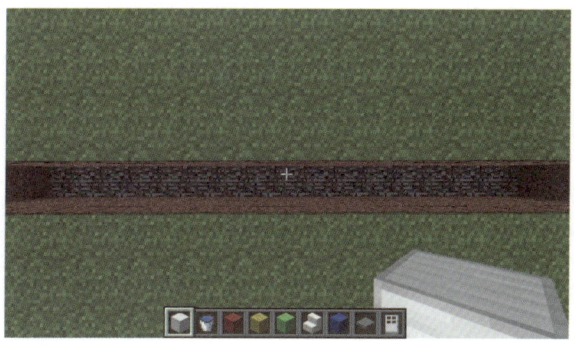 

02 땅을 모두 팠다면 키보드의 1번을 눌러 '철 블록' 재료를 선택한 후 바닥을 채워 줍니다.

 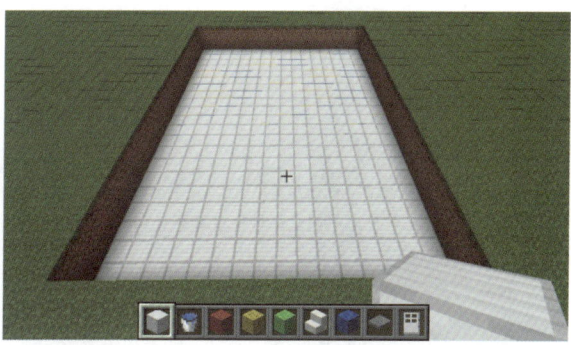

03 바닥이 빈틈없이 다 채워지게 되면 벽면에도 그림과 같이 '철 블록' 재료를 채워 줍니다. 수영장의 타일 블록처럼 만들어 집니다.

 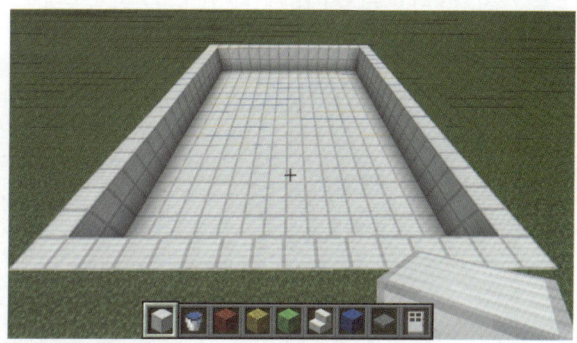

 ## 수영장 내부 꾸미기

수영을 즐기는 주민들이 서로 부딪혀 다치지 않도록 레일과 출발선을 설치해 보아요.

01 수영장의 내부를 꾸며 보겠습니다. 먼저 만들어 놓았던 수영장 바닥에 키보드의 2번을 눌러 선택한 재료 '물 양동이'를 사용하여 물을 가득 채워 줍니다.

02 수영장의 영역을 구분하는 레일을 만들어 보겠습니다. 키보드의 3번, 4번, 5번으로 각각 '빨간 양털', '연두색 양털', '노란색 양털'을 선택하여 외벽으로부터 4번째 칸에 색색으로 이뤄진 레일을 만들어 줍니다.

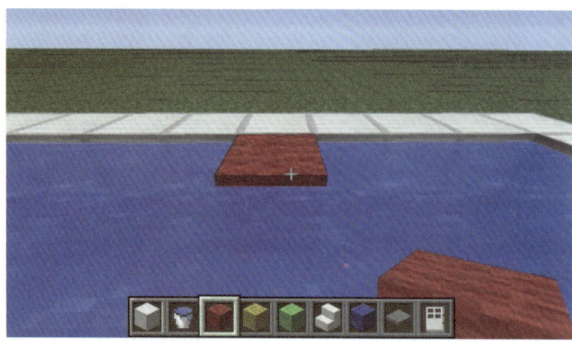 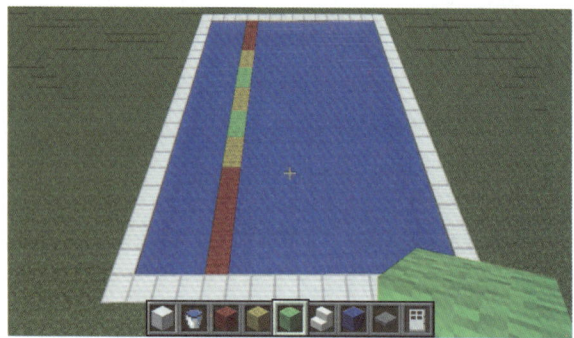

03 같은 방법으로 첫 번째 레일과 같은 모양의 레일을 2개 더 만듭니다.

 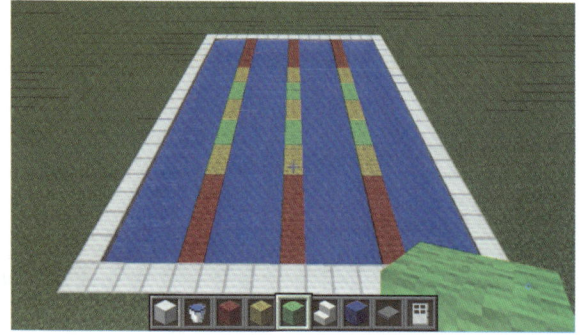

04 수영장에 들어가지 않은 주민들이 주변을 걸어 다닐 수 있도록 수영장 주변에 보도를 만들어 보겠습니다. 수영장 영역의 바깥쪽으로 3칸 크기 정도의 땅을 파 줍니다.

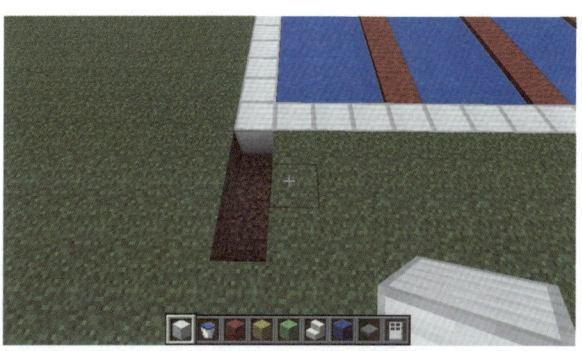 

05 키보드의 1번을 눌러 '철 블록' 재료를 선택한 후 그림과 같이 파인 자리를 모두 채워 줍니다.

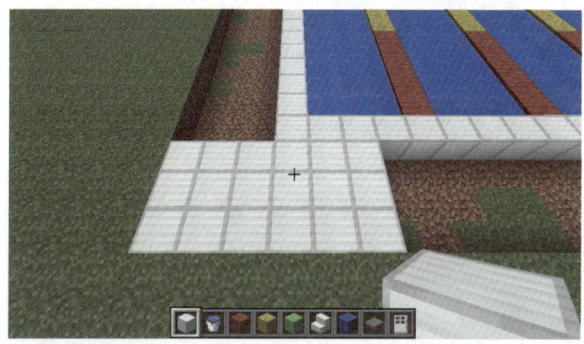 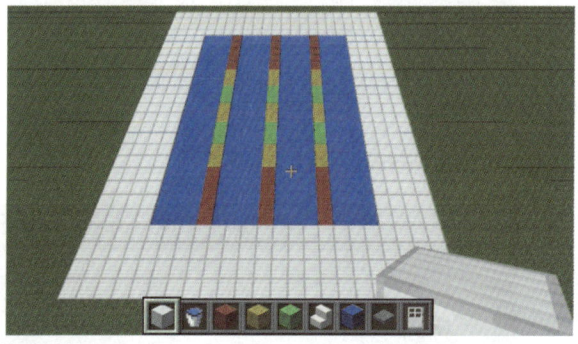

06 멋진 다이빙을 할 수 있는 출발선을 만들어 보겠습니다. 키보드의 6, 7번으로 재료 '석영 계단'과 '파란 양털'을 각각 선택하여 출발선 부분을 설치합니다.

 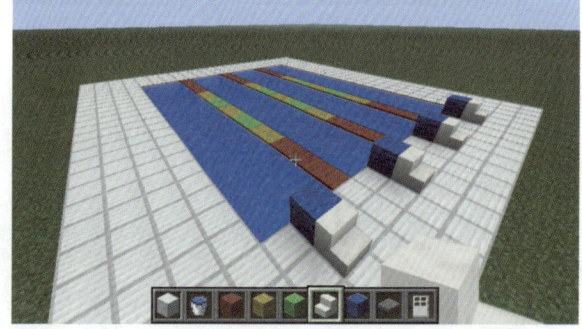

03 출입문과 유리벽 설치하기

수영장으로 드나들 수 있는 출입문과 시원함을 더해 줄 유리벽을 설치해 보아요.

01 수영장의 외벽을 설치하기 위해 키보드의 7번을 눌러 '파란 양털'을 선택한 후 출입문 자리만 남겨 두고 벽면을 채운 후 키보드의 8번을 눌러 '감압판'을 설치합니다.

02 출입문을 설치하기 위해 키보드 8번으로 여덟 번째 재료 '철문'을 선택한 후 비워두었던 출입문 자리에 배치하여 완성합니다.

03 이제 마지막으로 유리벽을 설치하여 수영장을 완성하겠습니다. 키보드의 E키로 '준비물(인벤토리)' 창을 연 뒤 아이템의 맨 끝 자리를 '유리'로 교체한 후 외벽 위로 3단을 쌓아 완성해 줍니다.

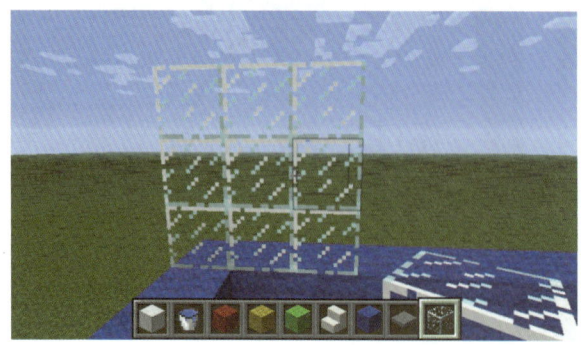
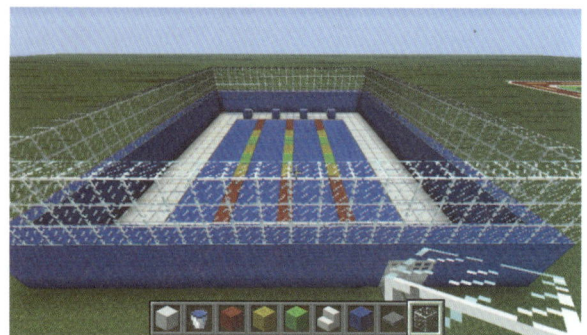

혼자서 뚝딱뚝딱

1. 다음과 같이 높은 곳에서 뛰어 내리는 다이빙대를 만들어 보세요.

재료 철 블록, 물 양동이, 석영 계단, 석영 블록, 다이아몬드 블록, 철문, 감압판, 파란 양털, 유리

2. 다음과 같이 수영복을 갈아 입을 수 있는 탈의실을 만들어 보세요.

재료 양털, 분홍색 양털, 나무문, 감압판, 표지판

15강 커다란 축구 경기장 만들기

도로와 호수에서 연습한 건축 기술을 응용하여 축구선수들이 땀을 흘리며 열심히 경기할 수 있는 멋진 축구장을 만들어 보아요.

학습목표 ● 대형 건물을 건축할 수 있는 거리 감각과 조형 기법을 익힙니다.

▲ 완성이미지

준비물

- 석영 블록
- 거미줄
- 빨간 양털

01 축구장 크기의 기준선 만들기

여러분이 상상하는 커다란 축구장의 크기만큼 반듯하게 뻗은 기준선을 만들어 보아요.

01 모두 22명의 선수들이 뛰어다니게 될 축구 경기장이니 꽤 넓은 영역이 필요하겠죠? 우선 원하는 크기만큼의 영역을 표시하기 위한 외곽선을 일렬로 파기 시작합니다.

02 전체 크기를 나타내는 영역을 축구장처럼 직사각형 모양으로 큼직하게 연결하여 파 줍니다.

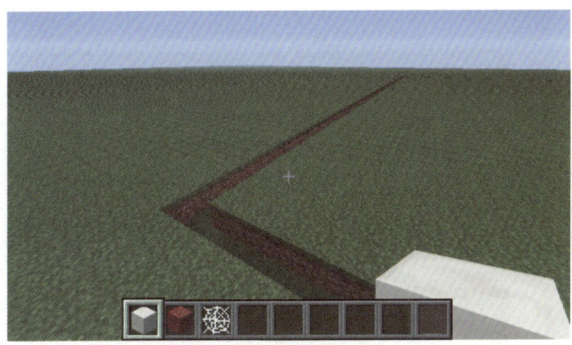 

03 이번에는 축구장의 중앙선 라인도 만들어 보겠습니다. 같은 방법으로 중앙이 되는 부분의 땅을 파서 중앙선 라인을 완성합니다.

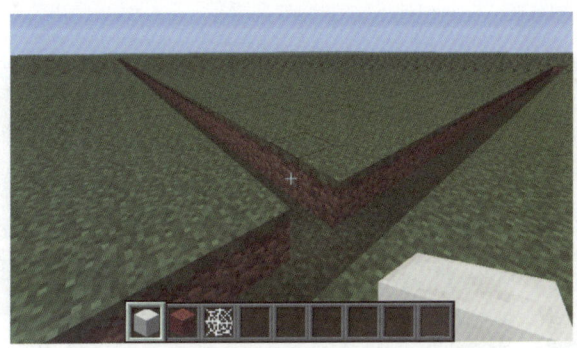 

02 기준선에 맞춰 경기장 외곽선 만들기

축구장의 모양으로 파인 땅에 흰색 재료를 채워 넣어 외곽선을 완성해 보아요.

01 기준 라인이 모두 완성되었다면 이제 파인 땅을 재료로 채워 경기장의 기준선을 표현해 보겠습니다. 키보드의 1번을 눌러 '석영 블록'을 선택한 후 앞서 완성한 기준 라인 위에 배치합니다.

02 경기가 시작되면 선수들이 모이는 센터 서클을 만들기 위해 중앙선을 기준으로 하여 양쪽이 대칭된 원 모양이 되도록 땅을 판 후 '석영 블록'을 채워 완성합니다.

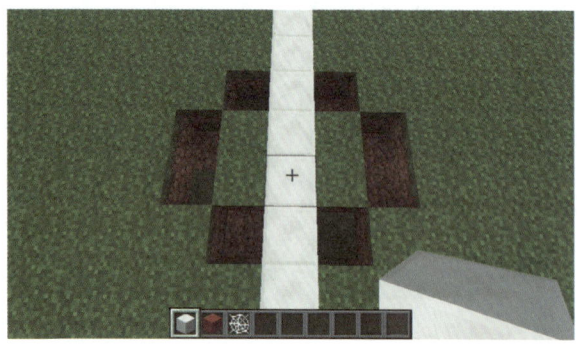 

03 골대가 위치하는 골 에어리어를 만들어 보겠습니다. 양쪽 골대 위치에 그림과 같이 땅을 판 후 '석영 블록'을 채웁니다.

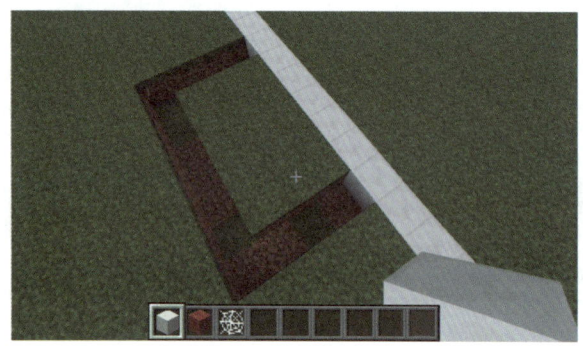 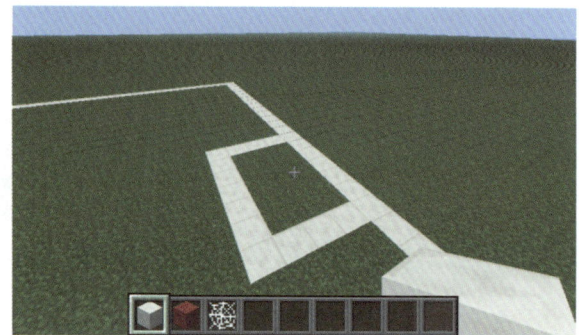

04 골키퍼의 영역인 페널티 에어리어를 표현하기 위해 골 에어리어 주변으로 적당한 크기를 정한 다음 땅을 파고 '석영 블록' 을 채워 줍니다.

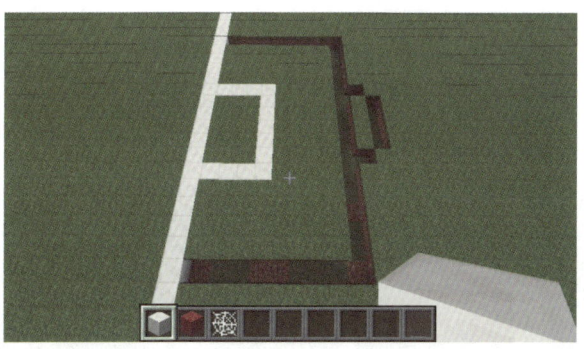 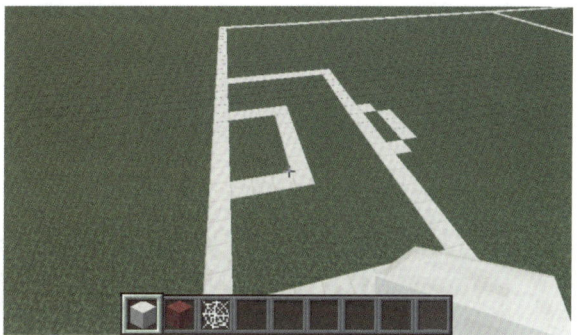

05 코너킥 상황에 골을 찰 수 있는 영역을 만들기 위해 그림과 같이 코너킥 영역의 땅을 판 후 '석영 블록' 을 채워 줍니다.

06 골대를 만들기 위해 골 에어리어 끝 부분에 '석영 블록' 을 4단 높이로 세워 골대를 만들어 줍니다.

경기장의 주변 트랙 및 골대 그물 설치하기

달리기 시합도 할 수 있는 트랙과 축구공이 골대 밖으로 빠져나가지 못하도록 그물을 완성해 보아요.

01 축구장 주변으로 달리기를 할 수 있는 트랙을 만들어 보겠습니다. 축구장 외곽에 원하는 크기만큼의 땅을 트랙의 영역으로 파 줍니다.

02 키보드의 2 번을 눌러 '빨간 양털' 재료를 선택한 후 채워 트랙 영역을 완성합니다.

03 마지막으로 골대에 그물을 설치하겠습니다. 키보드의 3 번을 눌러 '거미줄' 재료를 선택한 후 골대의 그물 모양으로 설치하여 완성합니다.

① 다음과 같이 경기를 관람할 수 있는 관중석을 만들어 보세요.

재료 벽돌 계단, 벽돌

② 다음과 같이 축구 경기장의 바깥쪽에 담장을 만들어 보세요.

재료 철창, 연두색 양털

16강 아픈 곳을 치료하는 병원 만들기

우리 마을의 주민들도 아플 때가 있겠죠? 그럴 때 찾아가 치료를 받을 수 있는 병원도 필요해요. 이제부터 우리 마을의 아픈 주민들을 치료할 병원을 만들어 보겠습니다.

학습 목표 ● '감압판'과 '피스톤' 재료를 활용한 '자동문 회로'의 설치 방법을 익힐 수 있습니다.

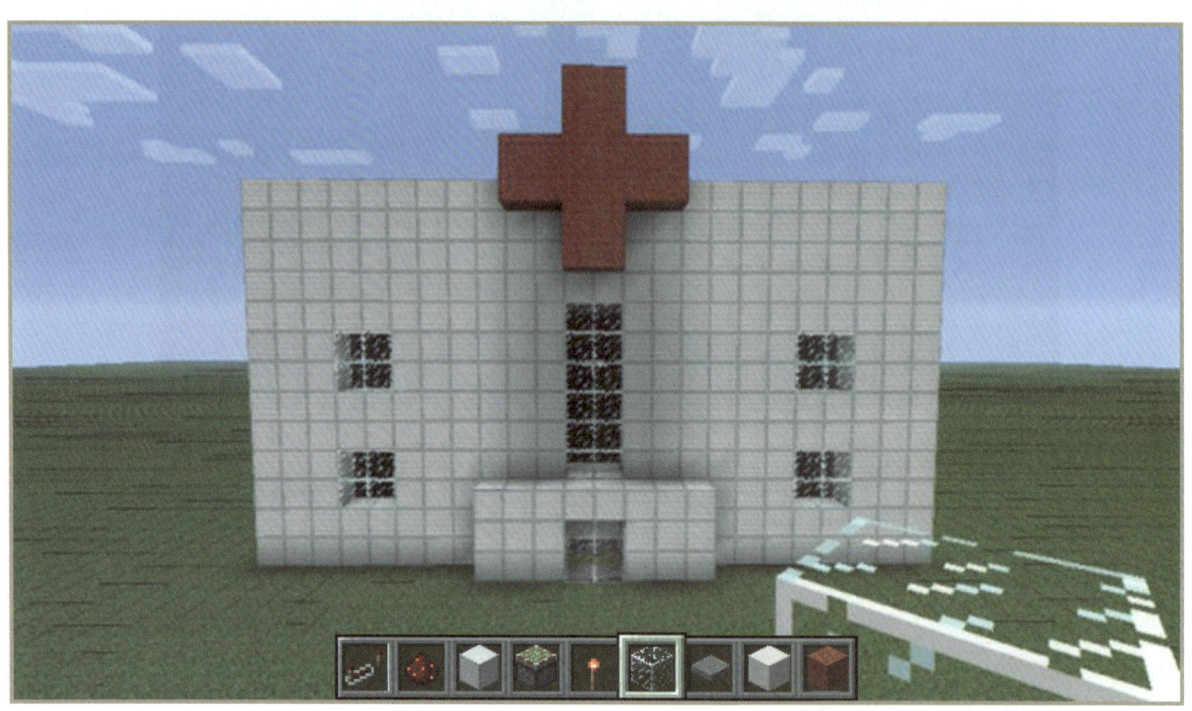

▲ 완성이미지

준비물

- 레드스톤 중계기
- 레드스톤
- 철 블록
- 끈끈이 피스톤
- 레드스톤 횃불
- 유리
- 감압판
- 석영 블록
- 빨간 양털

 자동문 회로 설치하기

'감압판' 재료에 '피스톤'을 더하여 '문' 재료가 아닌 일반 재료로 된 자동문을 완성해 보아요.

01 '유리'와 같은 일반 재료로 된 자동문을 만들기 위해서는 '감압판'과 '피스톤'을 함께 활용한 '자동문 회로'가 필요합니다. 보통의 건물에서 흔히 볼 수 있는 자동 유리문과 같이 만들기 위해 먼저 8칸의 너비로 땅을 파 줍니다.

02 파놓은 땅의 가장 자리의 안쪽으로 1칸씩 띄운 6칸을 한 번씩 더 파 줍니다.

03 자동으로 문을 열 수 있게 해주는 회로를 설치해 보겠습니다. 키보드의 1번을 눌러 '레드스톤 중계기'를 선택한 후 제일 깊게 판 6칸 너비의 영역 양 끝에 설치합니다.

04 회로를 연결하기 위해 키보드의 2 번으로 재료 '레드스톤'을 선택한 후 8칸 모두에 뿌립니다.

05 이렇게 회로가 모두 설치되었다면 키보드의 3 번을 눌러 '철 블록'을 선택하여 파묻힌 중계기 사이의 4칸과 같은 위치가 되도록 건물 바닥이 될 위치에 배치합니다.

06 회로대로 작동하는 자동문을 만들어 보겠습니다. 키보드의 4 번을 눌러 '끈끈이 피스톤'을 선택한 후 '철 블록'이 설치된 양쪽 끝으로 1칸 떨어지도록 2단씩 쌓아 설치해 줍니다.

07 설치된 양쪽 '끈끈이 피스톤'의 2단 높이에 맞춰 세 번째 재료인 '철 블록'을 그림과 같이 배치합니다.

08 키보드의 5번을 눌러 '레드스톤 횃불'을 선택한 후 '철 블록' 아래에 설치하면 피스톤이 움직입니다. 양쪽 모두 설치해 주세요.

09 '끈끈이 피스톤'과 함께 작동할 유리문을 설치하기 위해 여섯 번째 재료인 '유리'를 선택하여 배치합니다.

10 자동으로 문을 열 수 있도록 '감압판'을 배치하겠습니다. 키보드의 7번을 눌러 '감압판'을 선택한 후 유리문 앞에 설치하여 완성합니다. 유리문 앞으로 다가서면 감압판이 눌리면서 자동으로 문이 양쪽으로 열리게 됩니다. 이때 회로가 잘못 연결되었을 경우에는 문이 열리지 않습니다.

11 정면이 완성되었다면 건물 뒤편에도 같은 방법으로 자동 유리문 장치를 완성합니다.

02 건물 외벽 설치하기

완성된 자동문 주변으로 외벽을 쌓아 병원 건물을 완성해 보아요.

01 병원의 입구를 만들기 위해 세 번째 재료인 '철 블록'을 선택한 후 만들어 두었던 자동문 주변으로 쌓아 줍니다.

02 정면에 창문 위치를 정해 비워두고 벽을 쌓아 줍니다.

 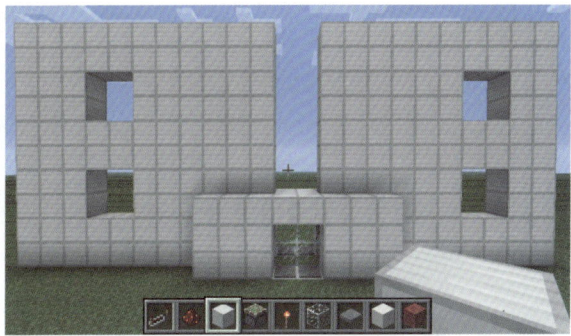

03 뒤로 돌아가 건물의 외벽을 모두 쌓아 올려 줍니다.

04 건물 바닥을 설치하기 위해 키보드의 8번을 눌러 재료 '석영 블록'을 선택한 후 바닥의 터를 파고 블록을 깔아 줍니다.

05 지붕을 설치한 후 병원 마크를 설치할 자리를 만들기 위해 지붕 위에 3단 높이로 정면에만 쌓아 줍니다.

 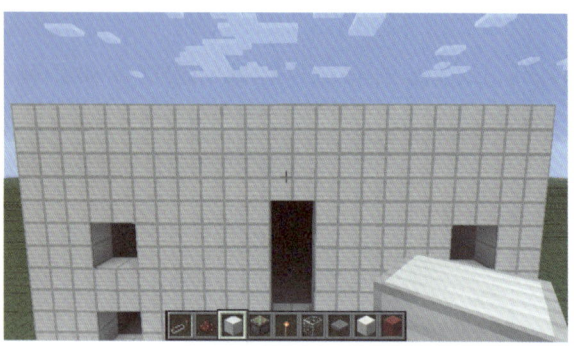

06 미리 비워두었던 창문 자리에 키보드의 6번으로 선택한 '유리'를 모두 채운 후 키보드의 9번을 눌러 '빨간 양털'을 선택하여 정면에 병원 마크를 설치하여 병원 건물을 완성합니다.

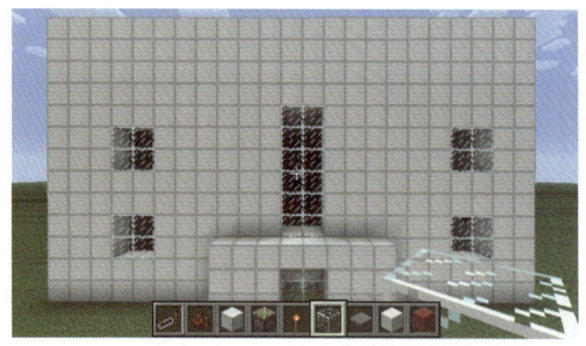 

① 다음과 같이 병원 1층 내부에 마련된 접수실을 꾸며 보세요.

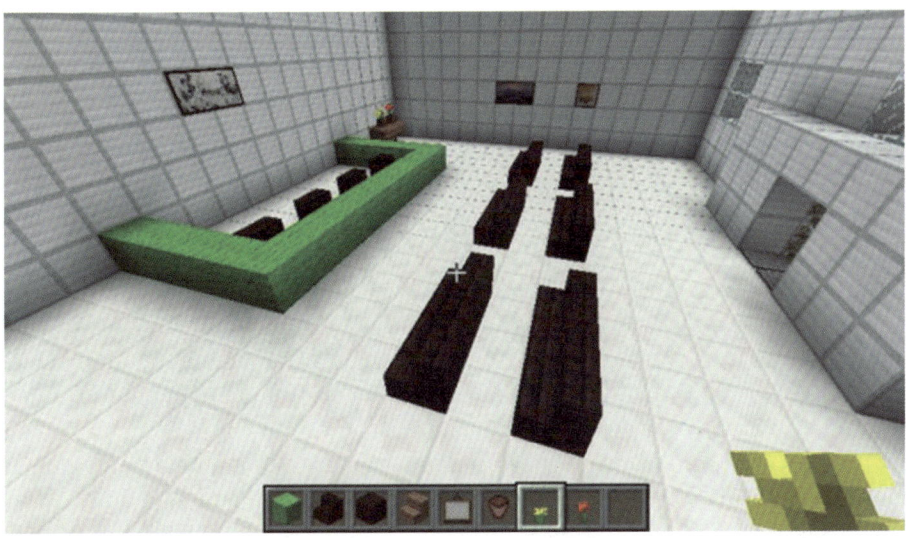

재료: 연두색 양털, 네더 벽돌 계단, 정글나무 계단, 그림, 화분, 꽃, 장미

② 다음과 같이 2층으로 오르내리기 위한 계단과 병실을 꾸며 보세요.

재료: 석영 계단, 석영 블록, 철 블록, 철문, 감압판 울타리, 침대, 화분, 꽃

17강 아빠 엄마의 사무실 만들기

이번에는 회사 건물을 만들어 보겠습니다. 보다 많은 햇살이 안으로 들 수 있도록 창문이 많은 건물로 디자인하였습니다.

학습목표
- '버튼' 재료의 활용법을 익힐 수 있습니다.
- 다양한 구조물의 표현 방법을 익힐 수 있습니다.

▲ 완성이미지

준비물

- 밝은 회색 양털
- 조각된 석영 블록
- 유리판
- 버튼
- 철문
- 석영 계단
- 석영 블록

01 건물의 정면 완성하기

창문이 많이 설치된 사무실 건물의 정면을 만들어 보아요.

01 먼저 건물 입구를 만들어 보겠습니다. 키보드의 1번을 눌러 재료 '밝은 회색 양털'을 선택한 후 출입문 자리를 2칸 정도 비워두고 좌우 너비가 11칸이 되도록 기초를 쌓아 줍니다.

02 쌓아 놓은 블록 위에 키보드의 2번을 눌러 선택한 '조각된 석영 블록'을 한 겹 더해 줍니다.

03 기둥을 세우기 위해 첫 번째 재료인 '밝은 회색 양털'을 선택한 후 창문 자리를 비워 두고 그림과 같이 2단 높이로 쌓아 줍니다.

04 기둥을 모두 쌓았다면 키보드의 ３번을 눌러 재료 '유리판'을 선택한 후 비워두었던 자리에 창문을 설치하고 같은 방법으로 3층까지 건물의 정면을 완성합니다.

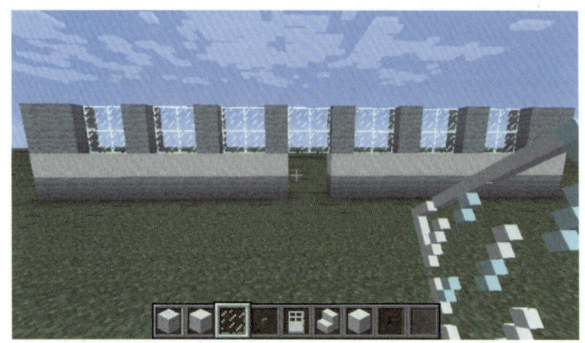 

 건물 외벽 설치하기

건물의 전체 크기를 상상하며 그에 맞게 외벽을 완성해 보아요.

01 건물 외벽을 설치하기 위해 건물의 정면과 같은 방법으로 첫 번째 재료인 '밝은 회색 양털'과 두 번째 재료인 '조각된 석영 블록'을 사용하여 외벽 1층을 만들어 줍니다.

02 같은 방법으로 2층과 3층 모두에 외벽을 완성합니다.

03 한쪽 벽면이 완성되었다면 다른 쪽 벽면 또한 같은 방법으로 만듭니다.

04 건물의 뒤쪽 외벽을 만들기 위해 건물 정면과 같은 방법으로 기둥을 세우고 창문을 달아가며 벽을 완성합니다.

03 건물 바닥과 입구 만들기

사무실 내부의 바닥을 채우고 '버튼' 재료를 활용한 자동문을 설치해 보아요.

01 사무실 건물의 바닥을 꾸미기 위해 먼저 키보드의 2번을 눌러 '조각된 석영 블록'을 선택한 후 바닥 영역을 모두 판 후 블록을 깔아 완성합니다.

02 이번에 만들어 볼 자동문은 키보드의 4번으로 선택할 수 있는 '버튼'을 활용합니다. 비워두었던 출입문 자리의 양쪽 옆 벽면에 '버튼'을 바깥쪽과 안쪽 모두 설치합니다.

03 키보드의 5번을 눌러 '철문'을 선택한 후 출입문 자리에 설치해 줍니다.

04 벽면에 설치된 버튼 중 어느 것이든 마우스 오른쪽 버튼으로 클릭하면 자동으로 문이 열립니다. 사무실 바깥과 안에서 모두 작동하는지 확인해 보아요.

 건물 내부용 계단 설치하기

사무실 내부를 오르내릴 수 있는 계단을 만들어 보아요.

01 이번에는 층과 층 사이의 계단을 만들어 보겠습니다. 키보드의 6번으로 '석영 계단'을 선택하여 내부의 층을 계단으로 연결한 후 키보드의 7번으로 '석영 블록'을 선택하여 계단의 끝을 마무리합니다.

02 2층 바닥을 설치하기 위해 키보드의 1번을 눌러 '밝은 회색 양털'을 선택한 후 계단과 연결된 2층의 바닥을 깔아 줍니다.

03 같은 방법으로 '석영 계단'과 '석영 블록'을 사용하여 2층과 3층 사이에도 계단을 만들어 줍니다.

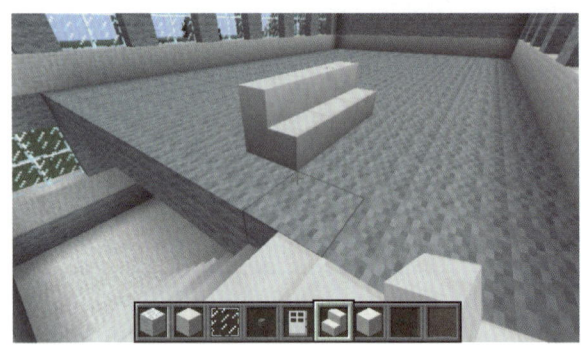 

04 계단이 완성되면 같은 방법으로 3층의 바닥을 깔아주고 지붕을 설치하여 건물을 완성합니다.

혼자서 뚝딱뚝딱

1 다음과 같이 사무실 내부 공간을 꾸며 보세요.

재료 발광석, 파란 양털, 유리, 감압판, 철문, 표지판

2 다음과 같이 건물 옥상에 헬기 착륙장과 옥상 정원을 설치해 보세요.

재료 조각된 석영 블록, 빨간 양털, 잔디 블록, 가문비 나무, 가문비 나무 잎, 꽃, 장미

18강 카페 만들기

우리들의 마을을 꾸며가다 보면 시원한 음료를 즐길 수 있는 카페도 하나쯤 필요하게 됩니다. 우리 주변에서 볼 수 있는 멋지고 아늑한 카페를 한 번 만들어 보겠습니다.

학습 목표
- '액자' 재료의 응용 기법을 익힐 수 있습니다.
- '피스톤' 재료의 다양한 활용을 익힐 수 있습니다.

▲ 완성이미지

준비물

- 가문비나무 목재
- 유리판
- 참나무 목재
- 감압판
- 나무문
- 참나무 계단
- 양털
- 발광석
- 아이템 액자

01 카페 정면 세우기

전체 건물의 형상을 다시 한 번 머릿속으로 그려가며 카페의 정면 부분을 완성해 보아요.

01 카페 건물의 입구를 만들어 보겠습니다. 키보드의 1번으로 '가문비나무 목재'를 선택한 후 5단 높이로 창문과 출입문 자리를 비워둔 채 정면 외벽을 쌓아 줍니다.

02 출입문 위치에서 오른쪽으로 16칸 길이로 건물의 자리를 잡은 뒤 창문 위치를 비워둔 채 7단 높이로 외벽을 쌓아 줍니다.

03 1층과 같은 방법으로 창문 자리를 비우고 2층의 외벽을 완성합니다.

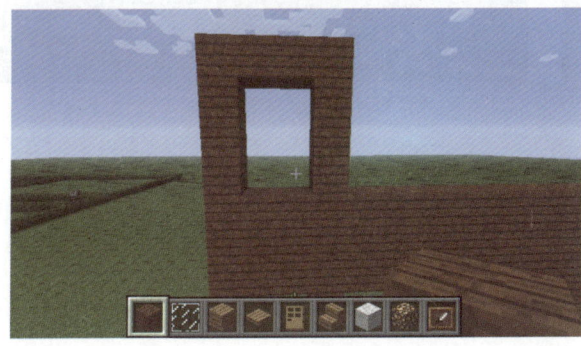 

04 키보드의 2번을 눌러 '유리판'을 선택한 후 미리 비워두었던 창문 자리에 모두 설치해 줍니다.

02 카페 외벽 만들기

전체 건물의 공간을 생각하며 카페의 크기에 맞도록 외벽을 설치해 보아요.

01 정면과 연결된 건물의 전체 외벽을 설치하겠습니다. 뒤쪽으로는 총 14칸 너비의 외벽을 세우고 창문 자리는 비워 1층의 측면을 완성합니다.

02 1층의 외벽과 같은 방식으로 2층 외벽도 설치해 줍니다.

03 반대편 외벽도 같은 방법으로 역시 창문 자리는 비워 둔 채 채워 줍니다.

 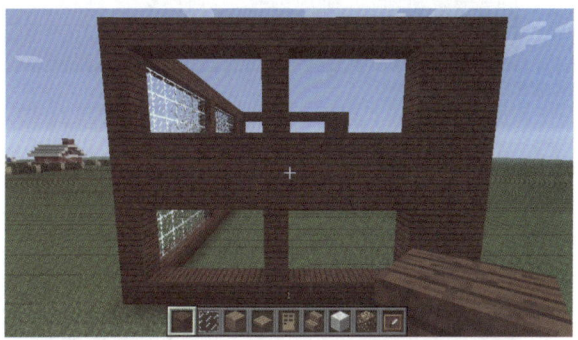

04 양 측면의 외벽들이 모두 설치되었다면 두 번째 재료인 '유리판'을 선택하여 비워둔 창문 자리에 모두 설치합니다.

 ## 출입문과 내부 꾸미기

카페에 드나들 수 있는 출입문을 설치하고 내부에서 이동할 수 있는 계단 등을 꾸며 보아요.

01 건물의 입구와 바닥을 설치해 보겠습니다. 우선 입구 바깥쪽으로 4칸 너비의 땅과 내부 모두를 판 뒤 키보드의 3번으로 '참나무 목재'를 선택하여 바닥을 깔아 줍니다.

02 키보드의 4번을 눌러 '감압판'을 선택한 후 입구에 설치하고, 키보드의 5번으로 '나무문'을 선택하여 출입문을 만들어 줍니다.

03 아직 외벽을 쌓지 않았던 건물 뒤편으로 가서 첫 번째 재료인 '가문비나무 목재'를 선택한 후 창문 자리를 비운 채 외벽을 설치하고 두 번째 재료인 '유리판'을 선택해 창문까지 모두 설치합니다.

04 키보드의 6번, 3번으로 '참나무 계단' 과 '참나무 목재' 를 사용하여 내부의 계단을 완성합니다.

04 층 나누고 외벽에 멋진 글자 새기기

2층으로 나뉜 카페 내부의 천정과 바닥을 완성한 뒤 멋진 글자로 카페의 외관을 완성해 보아요.

01 카페 내부의 층을 나누는 천정을 설치하겠습니다. 키보드의 7번, 8번으로 각각 '양털' 과 '발광석' 을 선택한 후 천정을 꾸며 줍니다.

02 천정 위로 2층 바닥을 설치하기 위해 세 번째 재료인 '참나무 목재'를 선택한 후 2단 높이로 바닥을 깔아 줍니다.

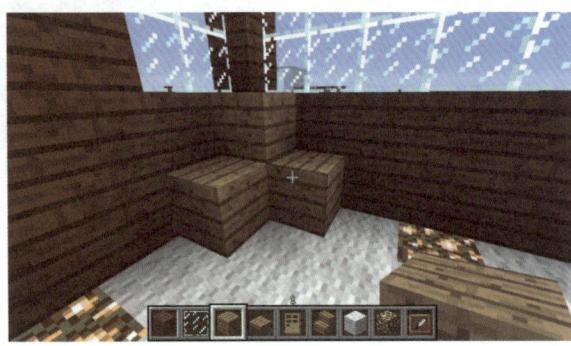 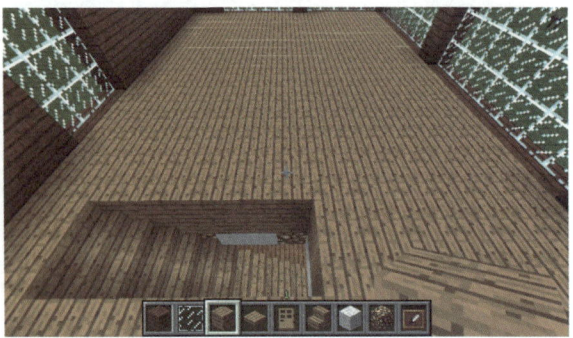

03 지붕을 설치하기 위해 1층 천정과 같은 방법으로 각각 '양털'과 '발광석'을 사용해 설치하고 첫 번째 재료인 '가문비나무 목재'를 선택하여 지붕을 덮어 줍니다.

04 첫 번째 재료인 '가문비나무 목재'를 선택하여 정면에 4단 높이로 외벽을 쌓아 간판을 준비합니다.

05 마지막으로 키보드의 9번을 눌러 재료 '아이템 액자'를 선택한 후 'CAFE'라는 글자를 만들고 액자 위에 키보드의 7번을 눌러 선택할 수 있는 '양털' 재료를 배치하여 간판을 완성합니다.

혼자서 뚝딱뚝딱

① 다음과 같이 아늑하고 깔끔한 카페의 내부를 꾸며 보세요.

재료 가문비나무 목재, 인챈트 테이블, 자작나무 계단, 피스톤, 레드스톤 횃불, 화분, 꽃, 장미, 그림

② 다음과 같이 카페의 야외석을 완성해 보세요.

재료 울타리, 자작나무 계단, 레드스톤 횃불, 피스톤, 양털, 연두색 양털, 분홍색 양털, 파란 양털

19강 교회 만들기

우리 주변에서 흔히 볼 수 있는 교회를 예쁘고 깔끔한 디자인으로 완성해 보겠습니다.

학습목표 ● 앞, 뒤로 길게 늘어진 건물 형태를 조형할 수 있습니다.

▲ 완성이미지

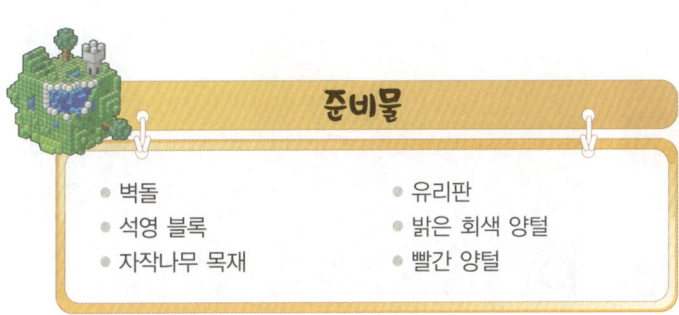

준비물
- 벽돌
- 석영 블록
- 자작나무 목재
- 유리판
- 밝은 회색 양털
- 빨간 양털

01 교회 정면 완성하기

가장 먼저 교회의 전체적인 외관을 표현하게 될 정면의 모습을 완성해 보아요.

01 건물 입구의 창문 자리를 먼저 확보한 채 외벽을 만들어 보겠습니다. 키보드의 1 번을 눌러 '벽돌'을 선택한 후 가운데에 창문 자리가 비워진 5칸 높이의 정사각형 모양을 쌓아 줍니다.

02 입구 오른쪽에도 같은 방법으로 정사각형의 외벽을 설치해 줍니다.

03 교회 건물임을 나타낼 십자가의 위치를 만들어 보겠습니다. 창문 위에 피라미드 모양으로 된 4단 높이의 외벽을 그림과 같이 쌓아 줍니다.

04 역시 오른쪽 창문 외벽 위에도 같은 높이의 외벽을 만들어 중앙을 기준으로 대칭 형태를 이루게 완성합니다.

05 쌓아놓은 양쪽을 십자가 모양으로 남겨둔 채 비어있는 공간을 모두 '벽돌' 재료로 채워 줍니다.

 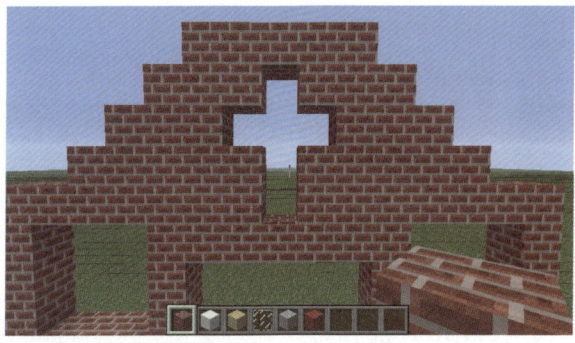

06 외벽에 그려진 십자가를 만들어 보겠습니다. 키보드의 2번을 눌러 '석영 블록'을 선택한 후 비워 둔 자리를 채워 십자가를 표현합니다.

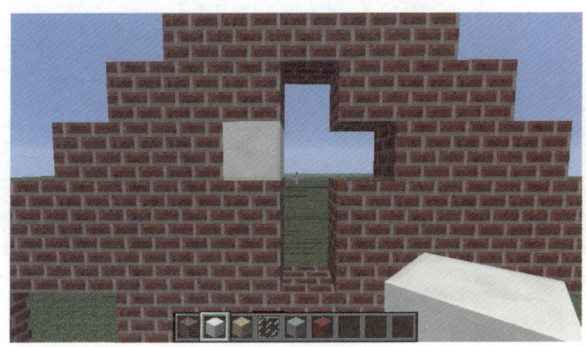 

07 건물 입구에 벽으로 된 기둥을 세워 입체감을 주도록 하겠습니다. 첫 번째 재료인 '벽돌'을 선택한 후 창문 영역의 옆으로 각각 기둥을 쌓아 줍니다.

02 전체 교회의 외벽 완성하기

머릿속으로 상상한 크기에 맞게 앞, 뒤로 길게 뻗은 교회의 외관을 완성해 보아요.

01 교회의 전체 외관을 만들기 위해 키보드 1번으로 첫 번째 재료인 '벽돌'을 선택하여 정면 외벽의 뒤쪽으로 20칸 길이의 외벽 기초를 쌓아 줍니다.

02 외벽의 기초를 모두 설치했다면 창문이 될 영역들만 비워 둔 채 벽면을 쌓아 줍니다.

03 반대편 벽면 또한 같은 방법으로 외벽을 완성해 줍니다.

04 건물의 뒤로 돌아가 벽면을 쌓아 건물 외곽을 모두 완성합니다.

03 바닥과 지붕으로 교회 꾸미기

내부를 채우게 될 바닥과 지붕을 만들고 창문과 십자가 등으로 전체 교회의 모습을 완성해 보아요.

01 건물의 바닥을 설치하기 위해 교회 내부 영역의 땅을 파고 키보드의 3번을 눌러 재료 '자작나무 목재'를 선택하여 바닥을 깔아 줍니다.

02 미리 비워두었던 창문 자리에 키보드의 4번을 눌러 선택한 '유리판'으로 창문을 설치해 줍니다.

03 이번에는 지붕을 설치해 보겠습니다. 키보드의 5번을 눌러 재료 '밝은 회색 양털'을 선택한 후 건물 위를 층마다 덮어 완성합니다.

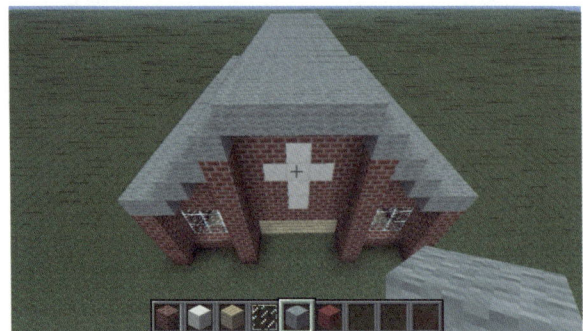

04 지붕을 설치하고 건물 뒤편에 비어있는 벽면을 첫 번째 재료인 '벽돌'로 채워 줍니다.

05 키보드의 6번을 눌러 재료 '빨간 양털'을 선택한 후 지붕 위의 십자가를 설치하여 교회 건물을 완성합니다.

① 다음과 같이 교회 내부에 아기자기한 샹들리에를 설치해 보세요.

재료 울타리, 햇불

② 다음과 같이 의자를 배치하여 교회 내부를 꾸며 보세요.

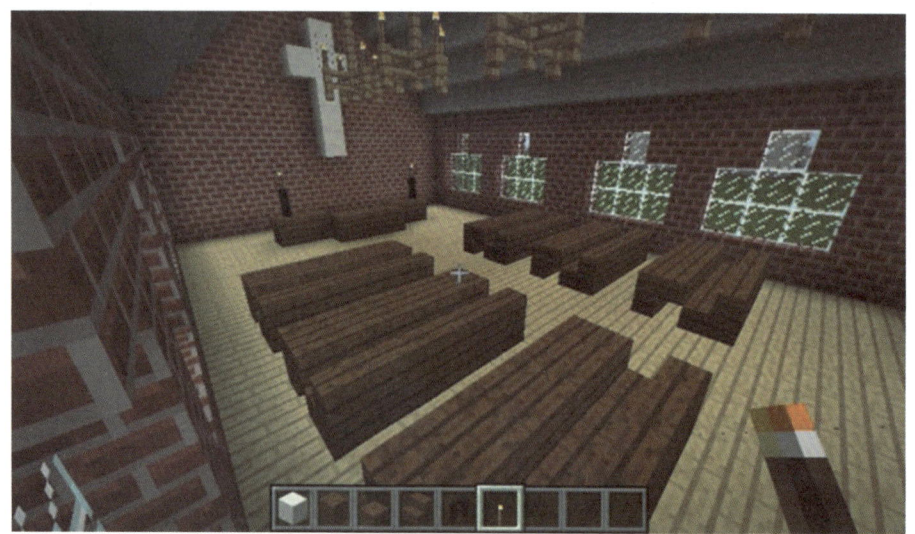

재료 석영블록, 가문비나무 목재, 가문비나무 계단, 네더 벽돌 울타리, 햇불

즐거운 수업을 위한 학교 만들기

우리 마을 어린이들이 학습하고 뛰어 놀 수 있도록 멋진 학교를 만들어 보겠습니다. 몇 가지 다른 색상의 재료들을 활용하면 보다 예쁜 학교의 모습을 완성할 수 있습니다.

학습목표 ● 다양한 색상의 재료들을 활용하여 하나의 건축물을 조형할 수 있는 감각을 익힐 수 있습니다.

▲ 완성이미지

준비물

- 벽돌 계단
- 하늘색 양털
- 파란 양털
- 노란색 양털
- 유리
- 양털
- 나무문

141

01 1층의 기초 외관 완성하기

여러 층으로 구성될 학교의 모습을 한 눈에 보여줄 기초 디자인을 완성해 보아요.

01 학교의 입구를 만들기 위해 키보드의 1번으로 재료 '벽돌 계단'을 선택한 후 좌우 4칸으로 된 계단을 만들고 키보드의 2번을 눌러 '하늘색 양털'을 선택하여 5단 높이의 입구를 만듭니다.

02 키보드의 3번을 눌러 '파란 양털'을 선택한 후 입구 옆에 2칸 너비의 기둥을 세워 줍니다.

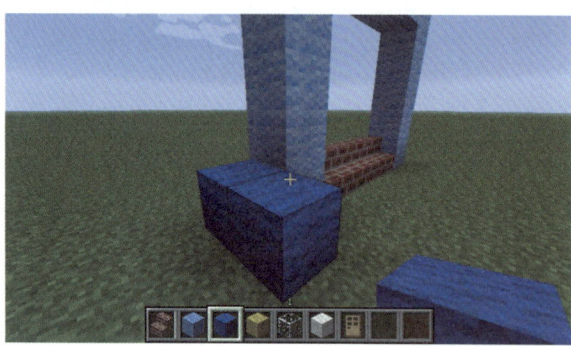 

03 1층 건물의 외관을 만들기 위해 키보드의 4번을 눌러 '노란색 양털'을 선택한 후 기둥 양 옆으로 각 18칸 길이의 외벽을 설치합니다.

04 지금까지 연습한 방법을 이용하여 외벽을 쌓고 키보드의 5 번으로 '유리'를 선택하여 창문을 만들어 줍니다.

 여러 층의 정면 완성하기

층을 높여가며 전체 학교의 정면 외관을 완성해 보아요.

01 1층과 같은 방법으로 기둥을 세우고 학교 정면 외관을 3층 높이로 만들어 줍니다.

02 학교 입구에도 같은 방법을 이용하여 창문도 만들고 벽을 쌓아 줍니다.

03 두 번째 재료인 '하늘색 양털'을 선택한 후 건물 외벽을 쌓아 줍니다.

03 1층의 교실 바닥 채우기

완성된 정면을 기준으로 하는 바닥을 만들고 교실이 될 공간을 구분해 보아요.

01 건물 뒤로 돌아가 21칸 길이로 건물 외벽의 터를 잡아 줍니다.

02 교실 영역의 바닥을 설치하기 위해 키보드의 6번을 눌러 '양털'을 선택한 후 교실 바닥을 깔아 줍니다.

03 교실의 자리를 만들기 위해 키보드의 2번을 눌러 '하늘색 양털'을 선택한 후 창문과 교실 문 자리를 비워둔 채 쌓아 줍니다. 키보드의 5번, 7번으로 각각 '유리'와 '나무문'을 선택해 창문과 교실문을 만들어 줍니다.

04 교무실과 화장실도 교실과 같은 방법으로 설치해 줍니다.

04 각 층의 교실과 외관 완성하기

1층에서 완성한 교실의 건설 방법을 활용하여 각 층의 바닥 및 지붕까지 완성해 보아요.

01 2층과 3층의 바닥을 키보드의 번을 눌러 재료 '양털'을 선택한 후 1층 바닥과 같은 방법으로 설치해 줍니다.

02 두 번째 재료인 '하늘색 양털'을 선택한 후 창문의 자리를 비워두고 외벽 전체를 쌓아 줍니다.

03 비워둔 창문 자리에 키보드의 5 번으로 선택한 '유리'를 사용하여 창문을 설치해 줍니다.

04 두 번째 재료인 '하늘색 양털'을 선택한 후 중간 부분을 비우고 지붕을 덮어 줍니다.

05 양쪽 지붕이 설치되었다면 중앙 부분은 양쪽 지붕보다 1단 높은 위치로 지붕을 덮어 입체감을 더합니다.

06 지붕이 모두 완성되면 키보드의 4 번을 눌러 '노란색 양털'을 선택한 후 학교 정면 출입구 위쪽으로 차양을 설치해 줍니다.

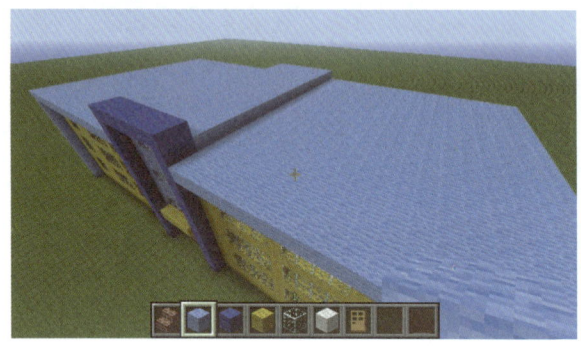 

혼자서 뚝딱뚝딱

① 다음과 같이 학교 주변을 둘러싼 담장을 만들어 보세요.

재료 : 벽돌, 네더 벽돌 울타리, 감압판, 철문

② 다음과 같이 친구들과 신나게 뛰어 놀 수 있는 운동장을 만들어 보세요.

재료 : 조약돌 반 블록, 모래, 발간 양털, 석영 블록, 석영 계단, 레버, 물 양동이

21강 놀이공원(1) : 워터 슬라이드 만들기

지금까지 연습한 각종 건축 방법을 모두 활용한 놀이공원을 완성해 볼 차례입니다. 여름철이 되면 시원한 물놀이를 즐길 수 있는 워터 슬라이드를 만들어 보겠습니다.

학습 목표
- 기울기에 따른 디자인을 익힐 수 있습니다.
- 원하는 모양을 위한 재료의 활용법을 익힐 수 있습니다.

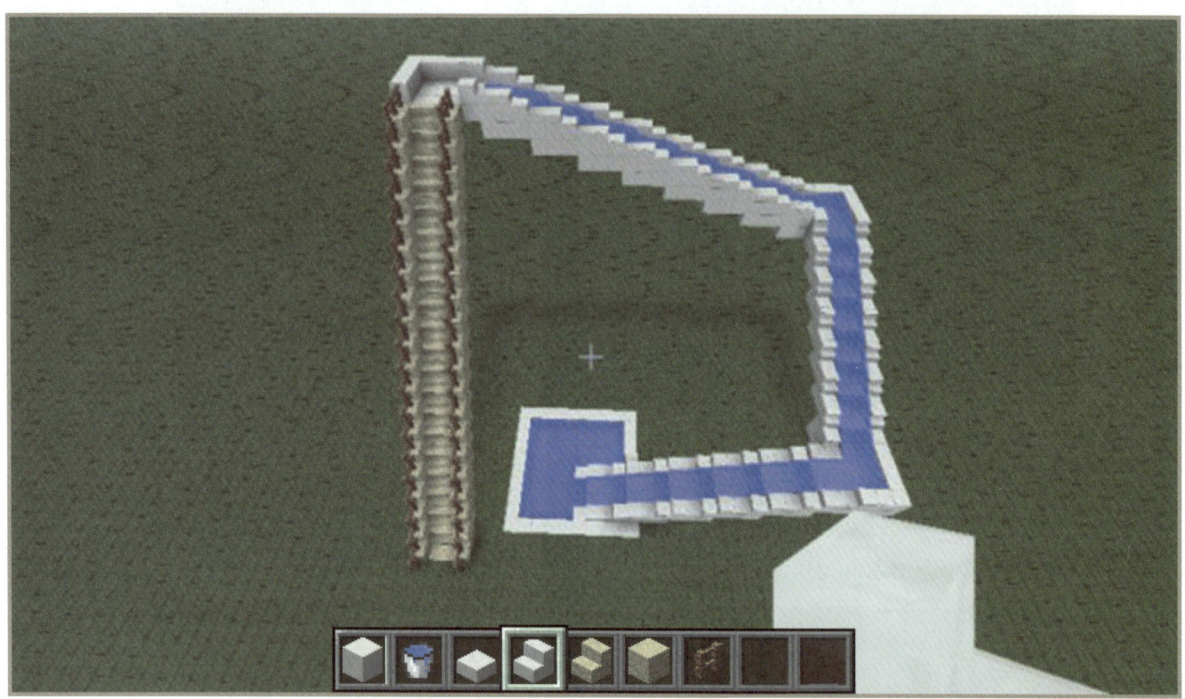

▲ 완성이미지

준비물

- 석영 블록
- 물 양동이
- 석영 반 블록
- 석영 계단
- 사암 계단
- 사암
- 울타리

01 워터풀 설치하기

슬라이드를 타고 내려오면 도착하게 될 시원한 워터 풀을 완성해 보아요.

01 먼저 10칸 크기의 워터 풀의 터를 파 줍니다.

02 워터 풀의 바닥을 설치하기 위해 키보드의 1번을 눌러 재료 '석영 블록'을 선택한 후 2단 깊이로 땅을 판 후 '석영 블록'을 깔아 줍니다.

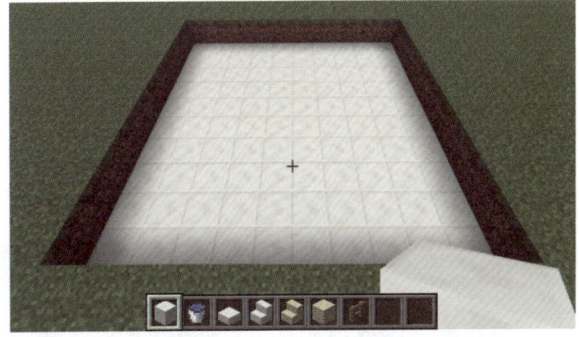

03 바닥이 모두 채워졌다면 벽면에도 '석영 블록'을 쌓아 줍니다. 흰색 타일로 둘러싼 수영장처럼 만듭니다.

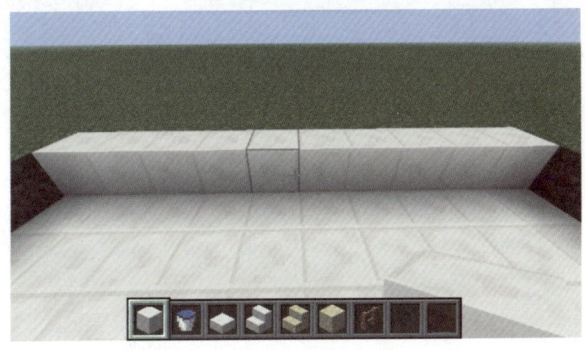

04 키보드의 2번을 눌러 재료 '물 양동이'를 선택한 후 워터 풀 안에 물을 가득 채워 줍니다.

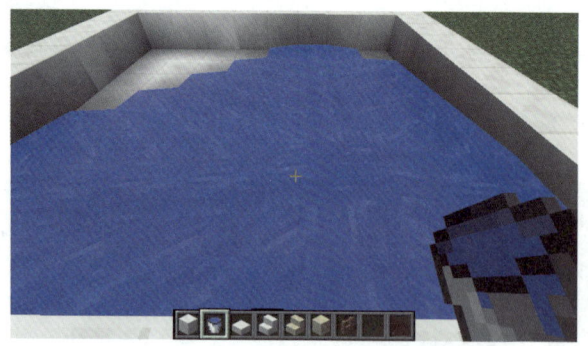 

02 마지막 슬라이드 구간 설치하기

워터 풀과 닿게 되는 슬라이드의 마지막 구간을 완성해 보아요.

01 워터 슬라이드를 설치해 보겠습니다. 첫 번째 재료인 '석영 블록'을 선택한 후 4칸 너비로 설치를 시작합니다.

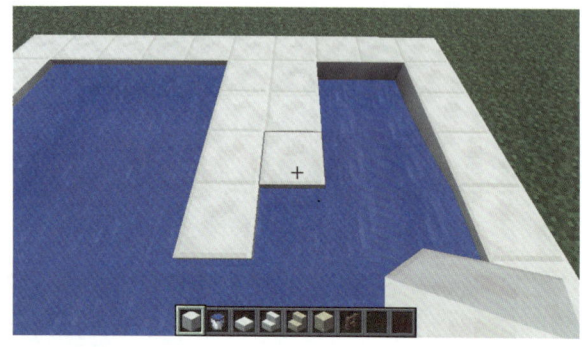 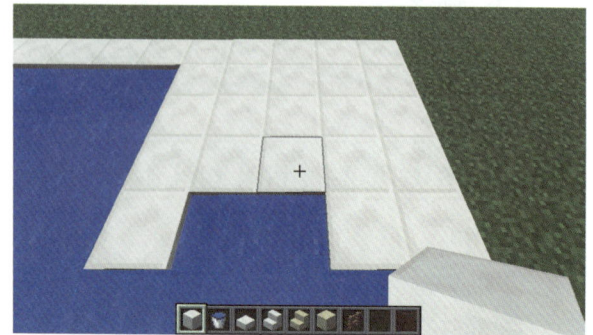

02 키보드의 3번을 눌러 '석영 반 블록'을 선택한 후 2칸 크기로 슬라이드의 양 옆을 만들어 줍니다.

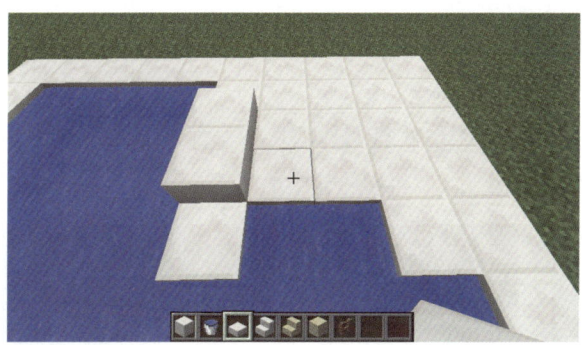 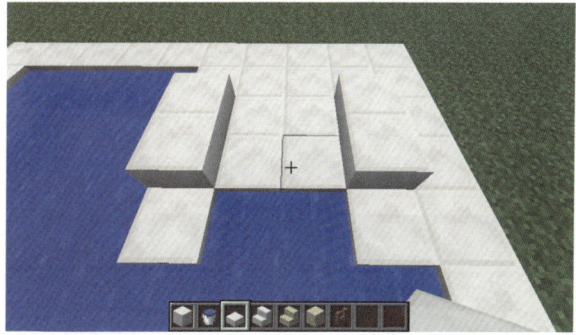

03 같은 방법으로 총 6단계 높이의 슬라이드 경사면을 만들어 줍니다. 물이 흐를 때에 넘치지 않도록 양 옆에 쌓는 '석영 반 블록'의 높이를 주의하여 완성합니다.

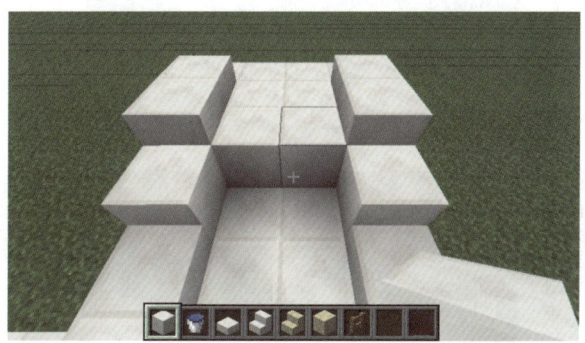 

두 번째 슬라이드 구간 설치하기

워터 슬라이드를 타고 내려오다가 마지막 슬라이드와 만나게 되는 두 번째 구간을 완성해 보아요.

01 두 번째 슬라이드를 만들기 위해 첫 번째 재료인 '석영 블록'을 선택한 후 2칸 너비로 둘러 쌓아줍니다. 슬라이드가 꺾이게 될 한쪽 2칸은 비워 줍니다.

02 슬라이드 옆으로 돌아가 '석영 블록'을 4칸 너비로 두 번 연결합니다.

03 물이 지나게 될 중간 부분을 비워 둔 채 '석영 블록'을 1단 높이로 쌓아 물길을 막아 줍니다.

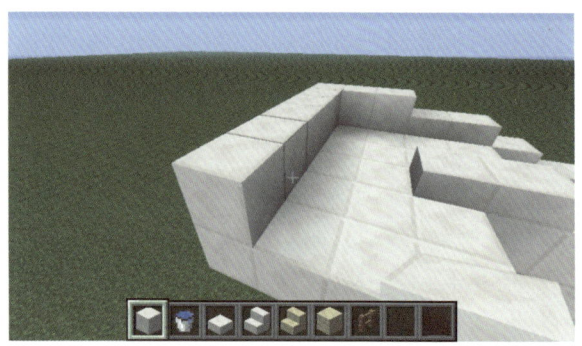 

04 키보드의 1번, 4번으로 각각 '석영 블록'과 '석영 계단'을 사용해 첫 번째 슬라이드를 만들었던 방법대로 7단 높이의 슬라이드를 완성해 줍니다.

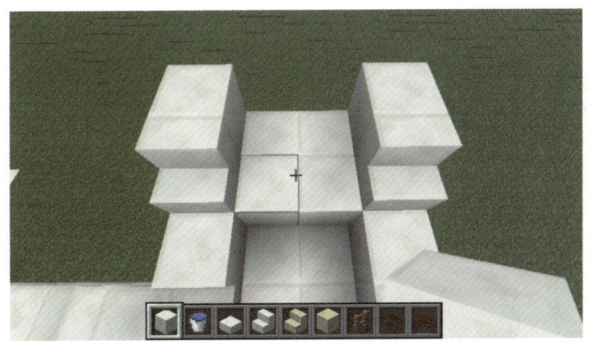 

04 슬라이드와 계단 완성하기

워터 슬라이드의 출발점과 함께 슬라이드 위로 오르내릴 수 있는 계단으로 워터 슬라이드를 완성해 보아요.

01 세 번째 슬라이드를 만들어 보겠습니다. 첫 번째 재료인 '석영 블록'을 선택한 후 4칸 너비로 설치하고 중간 부분을 비운 채 물길 주변에 1단씩 쌓아 줍니다.

02 이전의 슬라이드를 만들었던 방법을 이용하여 키보드의 1번, 3번으로 각각 '석영 블록'과 '석영 반 블록'을 선택하고 8단 높이의 슬라이드 경사면을 완성해 줍니다.

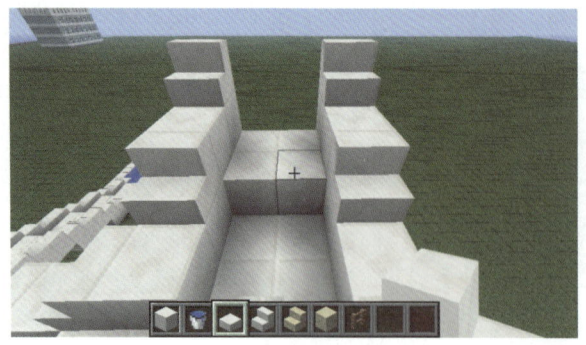 

03 슬라이드 옆에 워터 슬라이드 꼭대기에 오를 수 있는 계단을 만들어 보겠습니다. '석영 블록'을 4칸 너비로 설치한 뒤 외곽 쪽 부분을 1단 쌓아 정상 부분을 완성해 줍니다.

04 키보드의 5번, 6번으로 각각 '사암 계단'과 '사암'을 선택하여 바닥까지의 계단을 설치합니다.

05 계단이 모두 완성되면 키보드의 8 번을 눌러 '울타리'를 선택한 후 계단 손잡이를 설치합니다.

06 두 번째 재료인 '물 양동이'를 선택한 후 워터 슬라이드 꼭대기에서 물을 뿌려 줍니다.

혼자서 뚝딱뚝딱

① 다음과 같이 남녀 화장실을 만들어 보세요.

재료 양털, 빨간 양털, 파란 양털, 하늘색 양털, 감압판, 나무문, 표지판

② 다음과 같이 맛있는 음식을 판매하는 분식점을 만들어 보세요.

재료 철 블록, 유리, 석영 반 블록, 빨간 양털, 울타리 문, 감압판, 유리판, 참나무 계단

놀이공원(2) : 바이킹 만들기

테마파크를 떠올릴 때 가장 먼저 생각나는 건축물은 바로 '바이킹'이겠죠? 바이킹을 완성해 보면서 지금까지와는 다른 다양한 응용기법을 연습해 보겠습니다.

학습목표
- 2개 구조물을 연결한 건축 방법을 익힐 수 있습니다.
- 균형미와 함께 조형 감각을 키울 수 있습니다.

▲ 완성이미지

준비물

- 다이아몬드 블록
- 철 블록
- 청금석 블록
- 주황색 블록
- 가문비나무 목재
- 자작나무 목재
- 참나무 계단
- 울타리 문

01 첫 번째 기둥 설치하기

거대한 2개 기둥 사이에 매달린 바이킹의 조형을 머릿속으로 상상하며 첫 번째 기둥을 완성해 보아요.

01 먼저 기둥 받침을 설치해 보겠습니다. 키보드의 `1`번으로 '다이아몬드 블록'을 선택한 후 가로와 세로 크기가 모두 4칸인 정사각형 모양으로 배치합니다.

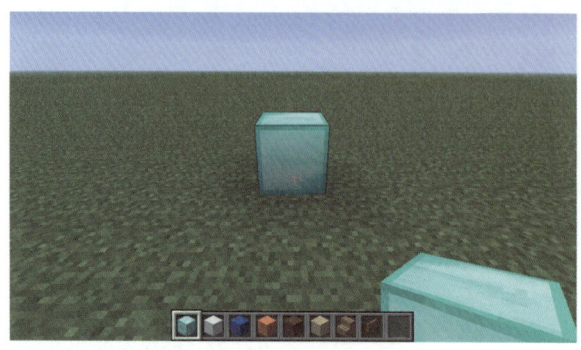 

02 키보드의 `2`번을 눌러 '철 블록'을 선택한 후 받침 중간에 지그재그 모양으로 된 2단 높이의 기둥을 쌓아 줍니다.

03 같은 방법으로 총 12단 높이의 기둥을 쌓아 올려 줍니다.

 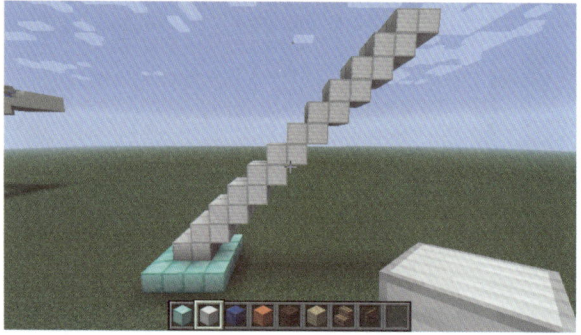

04 이번에는 도르래의 위치를 만들어 보겠습니다. 그림과 같이 1칸을 비우고 블록을 쌓아 줍니다.

02 도르래와 두 번째 기둥 설치하기

기둥에 바이킹을 매달아 줄 수 있는 도르래와 두 번째 기둥을 완성해 보아요.

01 키보드의 ③번을 눌러 재료 '청금석 블록'을 선택한 후 기둥 중간의 비워 두었던 자리에 십자가 모양의 파란색 도르래를 설치합니다.

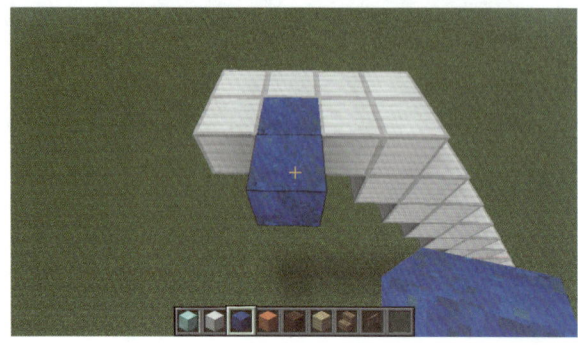

02 도르래가 완성되면 첫 번째 기둥의 반대편을 바닥까지 이어 완성해 줍니다.

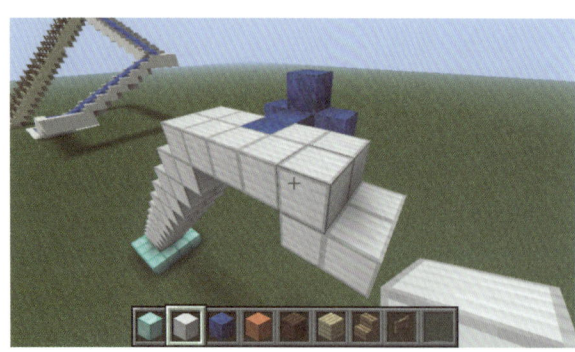
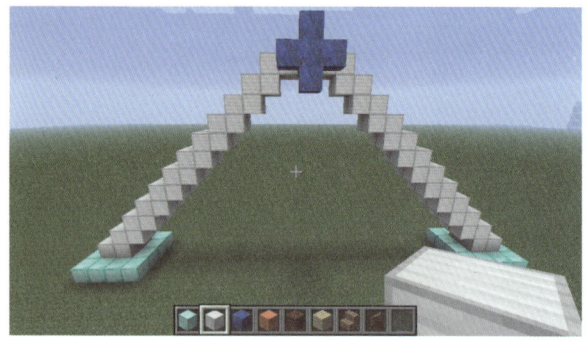

03 이번에는 배를 매달게 될 중간 기둥을 만들어 보겠습니다. 세 번째 재료인 '청금석 블록'을 다시 선택하여 총 6칸 길이의 기둥을 도르래 중앙에서부터 이어 설치해 줍니다.

03 바이킹 연결선 설치하기

완성된 도르래에 배를 이어주기 위한 연결선을 만들어 보아요.

01 배를 연결할 선을 이어 보겠습니다. 키보드의 4 번으로 '주황색 양털'을 선택한 후 도르래에서 1칸 떨어진 위치에서 시작해 바닥까지 4칸 간격으로 이어지는 선을 그림과 같이 설치합니다.

02 첫 번째 연결선이 완성되었다면 같은 방법으로 두 번째 연결선도 1칸 간격으로 만들어 줍니다.

03 앞 줄이 완성되었다면 반대편도 같은 방법으로 2개의 연결선을 설치해 줍니다.

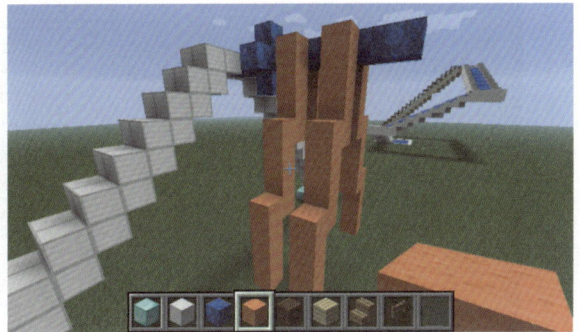

 **바이킹 몸체 설치하기**

기둥과 연결할 배의 본체를 설치하여 바이킹을 마무리해 보아요.

01 바이킹 구조물의 핵심이 되는 배를 만들어 보겠습니다. 키보드의 5번을 눌러 재료 '가문비나무 목재'를 선택한 후 배의 앞 부분을 7칸 너비로 설치합니다.

02 반대편의 뒷 부분 또한 같은 방법으로 설치하고 배의 바닥이 되는 중간 부분을 모두 채워 줍니다.

03 배의 머리와 꼬리 부분을 모두 피라미드 모양으로 쌓아 표현해 줍니다.

 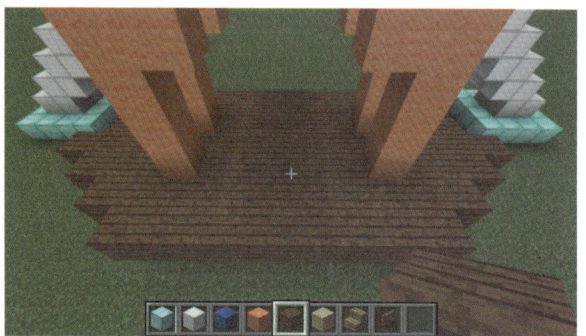

04 배의 가장자리 모두를 2단 높이로 쌓아 입체감을 표현합니다.

05 이번에는 배의 갑판을 설치해 보겠습니다. 키보드의 6번을 눌러 재료 '자작나무 목재'를 선택한 후 배의 바닥에 깔아 주고, 키보드의 7번으로 재료 '참나무 계단'를 선택하여 의자를 만들어 줍니다.

06 키보드의 5번을 눌러 재료 '가문비나무 목재'를 선택한 후 뱃머리 모양을 만들어 주고 배 외곽의 맨 아래쪽 바닥을 파서 배의 모양을 완성해 줍니다.

07 배의 중간 부분에 문을 설치해 보겠습니다. 키보드의 8 번을 눌러 재료 '울타리 문'을 선택한 후 중간 부분을 1칸 부수고 문을 설치합니다. 모두 완료되면 남아 있는 한쪽 기둥도 설치하여 바이킹을 완성해 줍니다.

혼자서 뚝딱뚝딱

① 다음과 같이 바이킹을 탈 수 있는 탑승장을 만들어 보세요.

재료 자작나무 목재, 자작나무 계단, 울타리, 울타리 문

② 다음과 같이 놀이기구의 표를 판매하는 매표소를 만들어 보세요.

재료 철 블록, 다이아몬드 블록, 금 블록, 하늘색 양털, 석영 반 블록, 유리판, 표지판

23강 놀이공원(3) : 회전의자 만들기

어린 친구들이나 몸이 약하신 할머니, 할아버지들은 너무 위험한 놀이기구를 탈 수 없겠죠? 탑승이 쉽고 안전하며 재미 또한 즐길 수 있도록 회전의자를 설치해 보겠습니다.

학습 목표 ● 각종 재료들의 다양한 활용 기법을 익힐 수 있습니다.

▲ 완성이미지

 **준비물**

- 양털
- 다이아몬드 블록
- 금 블록
- 분홍색 양털
- 파란 양털
- 주황색 양털
- 빨간 양털
- 발광석
- 네더 벽돌 울타리
- 사암 반 블록

01 회전의자의 바닥면 설치하기

회전의자의 외관을 이루게 될 바닥면을 완성해 보아요.

01 회전의자가 설치될 터를 만들기 위해 키보드의 1번을 눌러 '양털'을 선택한 후 좌우 10칸 너비로 배열하여 바닥을 설치합니다.

02 지그재그 형태로 3칸을 이어 모서리를 만들어 줍니다.

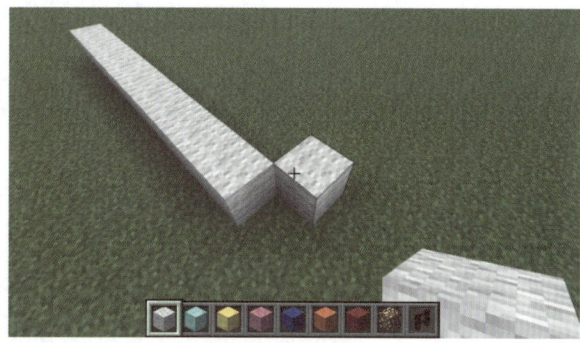

03 같은 방법으로 외곽선을 모두 이어 다음 그림과 같이 팔각형 모양을 완성합니다.

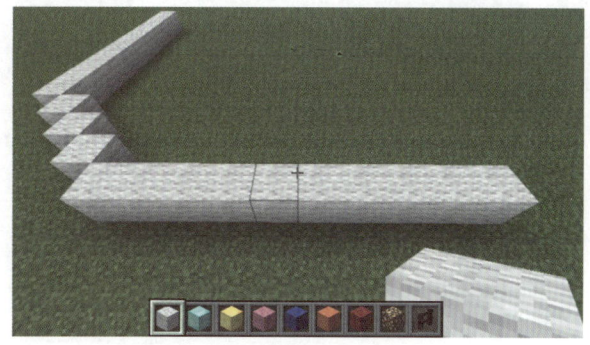

04 터 안쪽으로 키보드의 2번을 눌러 선택한 '다이아몬드 블록'을 채워 바닥면을 완성합니다.

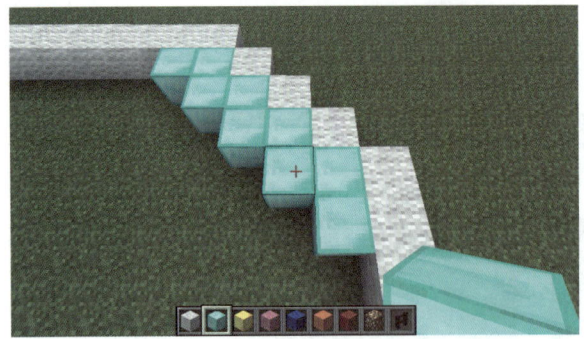 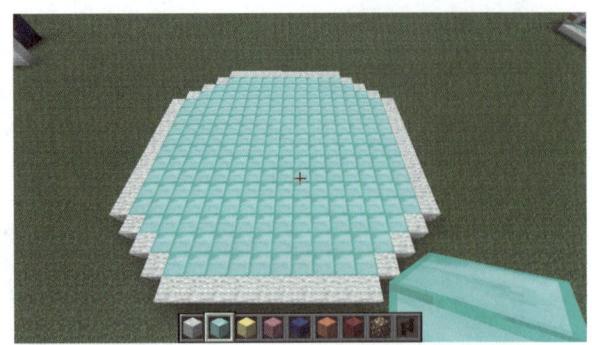

 중심 기둥과 천막 완성하기

회전 의자의 중심과 천막을 지어 전체 회전의자의 외관을 완성해 보아요.

01 회전의자의 천막 기둥을 설치해 보겠습니다. 키보드의 3번을 눌러 재료 '금 블록'을 선택한 후 중앙에 4칸 너비의 기둥을 10단 높이로 세워 줍니다.

 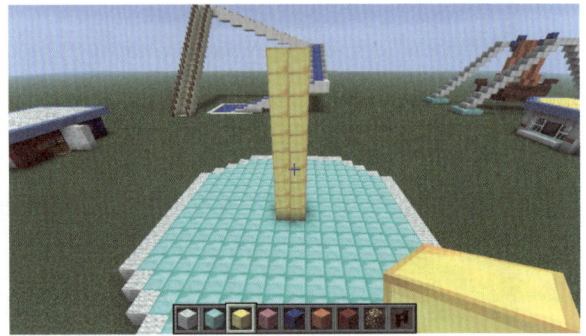

02 기둥이 완성되면 그 상단에서 1칸을 내린 위치에 천막을 설치합니다. 첫 번째 재료인 '양털'을 다시 선택한 후 기둥 옆으로 7칸 길이의 천막 날개를 연결합니다.

03 기둥을 중심으로 하여 직각의 4개 방향으로 모두 같은 크기의 날개들을 설치해 줍니다.

04 키보드의 4번으로 재료 '분홍색 양털'을 선택한 후 끝 부분이 지그재그 형태로 꺾이는 천막을 설치합니다.

05 키보드의 5번, 6번, 7번으로 각각 '파란 양털', '주황색 양털', '빨간 양털'을 사용해 같은 방법으로 네 방향 모두를 연결하여 원형 천막을 완성해 줍니다.

06 천막의 날개 영역 중간 부분에 조명을 설치해 보겠습니다. 키보드의 8번을 눌러 재료 '발광석'을 선택한 후 설치할 위치의 블록을 부수고 그 자리에 '발광석'을 설치해 줍니다.

 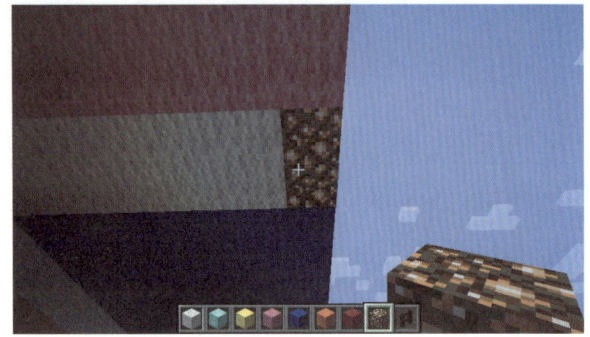

07 그림과 같이 4개의 천막 날개 부분에 '발광석'을 모두 설치해 줍니다.

08 키보드의 9번으로 '네더 벽돌 울타리'를 선택한 후 천막 끝부분에 2단 높이로 설치하고, 키보드의 8번으로 선택한 '발광석'을 설치하여 조명등을 만듭니다.

03 회전의자 설치하기

놀이공원의 관람객을 태울 수 있는 회전의자들을 설치하여 놀이기구를 완성해 보아요.

01 회전의자를 설치하기 위해 키보드의 9번을 눌러 재료 '네더 벽돌 울타리'를 선택한 후 천막 안쪽으로 6단 높이로 기둥을 내려 줍니다.

02 천막 주변을 돌며 같은 방법을 기둥을 설치해 줍니다. 천막 하나에 기둥을 2개씩 설치해 줍니다.

03 키보드의 4 번을 눌러 재료 '분홍색 양털'을 선택한 후 기둥 끝에 설치해 주고 '준비물(인벤토리)' 창에서 재료 중 '사암 반 블록'을 추가하여 블록 옆으로 세워 의자를 만들어 줍니다.

04 천막의 색에 맞춰 같은 방법으로 회전의자를 모두 완성해 줍니다.

혼자서 뚝딱뚝딱

① 다음과 같이 필요한 물건들을 구입할 수 있는 편의점을 만들어 보세요.

재료 다이아몬드 블록, 유리, 양털, 연두색 양털, 파란 양털, 울타리 문, 감압판, 울타리

② 다음과 같이 맛있는 음식을 먹을 수 있는 피크닉 존을 만들어 보세요.

재료 레드스톤 횃불, 피스톤, 자작나무 계단, 울타리, 양털, 파란 양털, 연두색 양털, 분홍색 양털, 하늘색 양털

24강 놀이공원(4) : 롤러코스터 만들기

우리 마을 놀이공원에 롤러코스터를 만들어 보겠습니다. 빠른 속도와 아찔한 높이로 가슴 속까지 시원하게 만들어 줄 롤러코스터로 여러분의 테마파크를 완성해 보아요.

학습목표
- 표현력과 집중력을 익힐 수 있습니다.
- 레일 재료의 사용법을 익힐 수 있습니다.

▲ 완성이미지

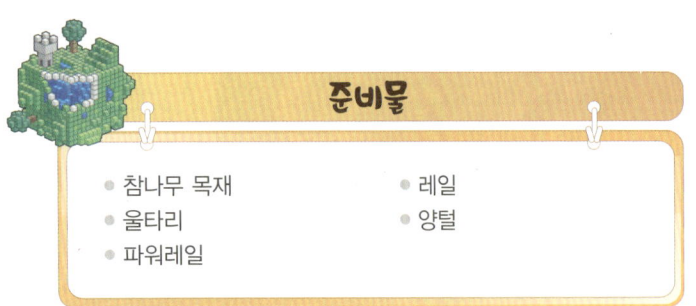

준비물
- 참나무 목재
- 울타리
- 파워레일
- 레일
- 양털

01 롤러코스터 만들기

신나게 오르내리는 스릴만점 롤러코스터를 만들어 보아요.

01 롤러코스터의 라인을 만들어 보겠습니다. 키보드의 번으로 재료 '참나무 목재'를 선택한 후 적당한 위치에 1칸을 설치하고 키보드의 2번을 눌러 재료 '울타리'를 선택하여 옆으로 배치합니다.

02 같은 방법으로 총 5단의 높이까지 라인 기초를 쌓아 줍니다.

03 5단 높이 끝 부분에 '참나무 목재'를 3칸 연결하여 설치해 줍니다.

04 설치한 목재의 끝 부분에서 3칸씩 총 8단 높이로 전체 라인을 연결하여 설치합니다.

05 설치된 라인 아래쪽으로 두 번째 재료인 '울타리'를 선택하여 기둥을 설치해 줍니다.

06 라인 꼭대기에서 하강하는 구간을 만들기 위해 첫 번째 재료인 '참나무 목재'를 사용하여 각 2칸 길이의 라인을 9단 아래로 연결하여 그림과 같이 설치합니다.

07 수평으로 연결된 지그재그 구간을 만들기 위해 끝 부분을 그림과 같이 2칸씩 세 번 연결시켜 줍니다.

08 지그재그 구간이 끝나면 다시 상승하는 구간을 만듭니다. 먼저 지그재그 끝 부분에 블록 3칸을 연결하고 그 위로 2칸 길이의 라인을 총 6단 높이로 쌓아 올려 줍니다.

09 다시 지그재그 구간을 만듭니다. 끝 부분에 블록 3칸을 설치하고 그림과 같이 지그재그 형태로 2칸씩 세 번 연결합니다.

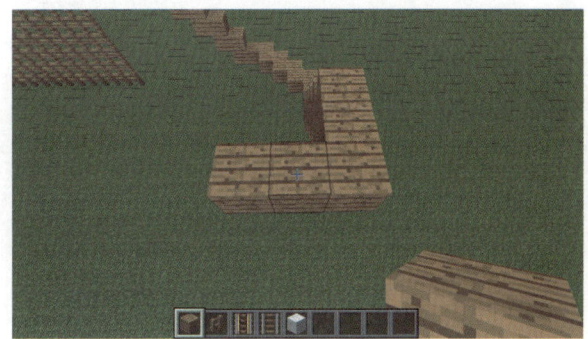 

10 하강하는 구간을 만들기 위해 지그재그 구간의 끝 부분에서 2칸 길이의 라인을 총 4단 높이로 설치해 줍니다.

11 다시 상승하는 구간을 만들기 위해 끝 부분에 블록 2칸을 연결하고 2칸씩 3단 높이로 쌓아 줍니다.

12 끝 부분에서 블록 2칸을 연결하여 2칸씩 아래를 향해 3단 높이로 하강 구간을 설치합니다.

13 다시 반복되는 상승 구간을 만들기 위해 끝 부분에 블록 3칸을 연결한 후 역시 2칸씩 연결된 라인을 3단 높이로 쌓아 설치해 줍니다.

14 마지막 하강 구간을 만들기 위해 끝 부분에 블록 2칸을 설치하고 같은 방법으로 2칸씩 6단 아래로 겹쳐지는 구간을 완성해 줍니다.

15 끝에 2칸을 연결한 뒤 바닥에 1칸을 설치하여 처음 시작했던 부분과 만나는 부분을 설치합니다.

16 처음 시작했던 부분과 수평으로 연결하고 두 번째 재료인 '울타리'를 선택하여 전체 라인의 아래쪽으로 기둥을 완성해 줍니다.

17 라인 위로 레일을 설치해 보겠습니다. 키보드의 3번을 눌러 '파워레일'을 선택한 후 라인 위에 깔아 줍니다. 지그재그 구간은 키보드의 4번으로 선택한 '레일'을 설치해 주면 자동으로 지그재그 형태가 되어 연결됩니다.

18 레일이 완성되었다면 키보드의 5번을 눌러 재료 '양털'을 선택한 후 탑승장을 설치해 완성합니다.

혼자서 뚝딱뚝딱

① 다음과 같이 놀이공원으로 들어가는 입구를 만들어 보세요.

재료 다이아몬드 블록, 금 블록, 울타리 문, 석영 반 블록, 유리판

② 다음과 같이 놀이공원의 외곽을 완성해 보세요.

재료 다이아몬드 블록, 참나무 잎